모 던
선 비

모던 선비

선비정신의 현대적 해석

이동희 지음
이재령 엮음

보고사
BOGOSA

머리말

　우리 민족은 역사적으로 300년마다 운이 트고 문화부흥이 일어난다고 합니다. 15세기 세종문화, 그것은 문정위민(文政爲民)의 명정이념(明政理念)으로 국위를 선양했으며 그 후 18세기에는 찬란한 영조·정조의 문화중심국의 확고한 신념과 자부심이 있었습니다. 이러한 동방의 문화대국 창조의 주도세력은 바로 그 시대의 선비들이었고 그들은 세계에서도 고유한 선비문화와 선비사회를 역사에 남겼습니다.

　그 후 300년이 지난 21세기 오늘날 우리에게 또다시 새로운 문화부흥의 시기가 도래하였습니다. 한류라는 한국 문화의 물결이 놀랍게 세계로 퍼져가고 있습니다. 음악, 드라마, 영화를 통해 세계인들의 주목을 받고 있으며 그들에게 문화적인 영향을 미치고 있습니다. 그들이 한국의 문화를 받아들이고 좋아하는 이유 중에는 우리에게 잠재되어 있는 우리들의 풍부한 감성과 선한 정신이 전달되어지기 때문입니다.

　하버드대학의 세계적인 사회학자 소로킨 교수는 현대 사회가 부패된 감촉감각문화에 빠져 타락하고 멸망할 것이라고 예언했습니다. 그 예언대로, 현대 사회는 생리적 욕구와 물질적 만족만을 추구하는 문제를 안고 있습니다. 돈과 권력과 집단과 종교 그리고 문란한 성(性) 문화에서 벗어나지 못하고 있습니다. 이로 인해 '최대다수의 최대행복'이라는 인류의 고귀한 목표가 무너져가고 있습니다. 그리고 그것이 바로 현대 한국 사회에도 병적인 현상으로 나타나고 있습니다.

이 문제를 해결할 수 있는 우리의 대안은 바로 '홍익인간'의 이념, 사회적 가치와 공정을 중요시하고, 현실적인 지혜와 지식을 바탕으로 그것을 실천하는 용기, 그리고 이 민족을 주도적으로 이끌고 나갔던 선비정신입니다. 우리의 선비정신은 영국의 신사도정신, 독일의 융커정신, 미국의 개척정신, 일본의 사무라이정신보다도 더 깊은 역사와 문화적 가치를 지녔습니다.

우리의 몸에는 이미 항상 선비정신이 뼛속에 저며 있습니다. 우리 민족의 피와 살 속에 문화인자(文化因子)로서 깊숙하게 남아 있는 정통적 가치관과 우리 민족의 참다운 정체성(正體性)을 실체로 파악하여 자랑스러운 질서와 행복을 재창조하여 누려야 할 때가 왔습니다. 그것을 계발하고 우리 것으로 만드는데 21세기 선비정신의 비전이 있습니다.

21세기 대한민국의 문화부흥 시기가 도래하였습니다. 인도의 시인 타고르가 이야기 한 '동방의 등불' 대한민국이 세계 문화의 밝은 빛으로 선한 영향력을 미치고 우리의 자랑스러운 선비정신이 세계인의 선비정신으로 발전하기를 기대합니다.

목차

제1부

선비정신의
부활

홍익인간과 선비정신

까마득한 날에 하늘이 처음 열리고, 어디 닭 우는 소리 들렸으랴?
다시 천고(千古)의 뒤에 백마(白馬) 타고 오는 초인(超人)이 있어.
이 광야(曠野)에서 목 노아 부르게 하리라.

이것은 애국애족의 시인, 이육사(李陸史)의 〈광야〉라는 시의
한 구절이다. 4333년 전의 단군왕검께서 선포하신 홍익인간(弘
益人間)의 이념을 오늘날 우리 사회의 "사악(邪惡)한 광야"에서
목 놓아 부르고 있다. 그리고 오늘날을 살고 있는, 이 책을 펼쳐
든 독자 당신이야말로 인왕산의 사직단으로 백마 타고 나타난
초인이다. 본격적으로 글을 시작하기에 앞서, 당신에게 민족의
이름으로 존경의 뜻을 전한다.

일찍이 세계적인 사회학자인 하버드대학의 소로킨(Pitirim A.
Sorokin) 교수가 말하기를 현 사회는 "감촉감각 문화(Sensate
Culture)"가 퍼져서 타락하고 끝내 멸망할 것이라고 예언했다.
즉 모든 가치관이 오로지 생리적 요청과 물질적인 만족만을 추

구하고 있으므로 소위 "최대다수의 최대행복"이라는 인류의 목표는 무너지고 사악한 사회로 전락할 거라고 본 것이다. 바로 오늘날 우리 사회의 '한국 병(病)'이 그것이다.

이 병을 고칠 수 있는 민족적인 생활 처방이 바로 4333년 전부터 우리 몸속에 깊이 숨어 있는 홍익인간의 사고방식이고 그것을 실현하기 위한 파사현정(破邪顯正)[1]의 용기이며 그리고 이 민족을 주도적으로 이끌어 나갔던 '선비정신'이다. 오늘날 우리 한국 사회는 돈과 권력뿐만 아니라 다양한 종교에 중독되었으며 심지어 분별없는 성(性) 문화로 병들어 가고 있다. 결국은 반(反)홍익의 극단적인 이기주의 사회 분위기로 인해 민족정기가 죽어 가고 있는 것이 아닌가.

이러한 암울한 시대를 극복할 수 있는 방법은 바로 그 옛날 선비들이 수기치인(修己治人)[2]하면서 청백(淸白)하게 파사현정했던 창경궁으로 이념의 산책을 하러 가는 것이다. 창경궁은 만추의 고궁으로 멋도 있지만 현판에서부터 엄정한 '파현(破顯)의 문정위민(文政爲民)[3]' 이데올로기를 느낄 수 있는 곳이다. 그 정문의 이름이 홍화문(弘化門)으로, 기자조선(箕子朝鮮)[4]이 아닌 단군조선의 홍익인간을 만방에 선포한 주체적인 자주국임을 선

---

1 사악한 도리를 깨뜨리고 바른 도리를 드러낸다.
2 스스로를 수양하고 세상을 다스린다.
3 문인의 정치로 국민을 위해 헌신한다.
4 중국 은나라 기자가 조선에 와서 단군조선에 이어 건국하였다고 전하는 나라.

포하고 있다.

그리고 이어지는 명정문(明政門), 명정전(明政殿), 숭문당(崇文堂), 문정전(文政殿)은 모두 우리의 사대부(士大夫)들이 선비정신을 가지고 오로지 파사현정하면서 널리 인간을 이롭게 하는 홍익인간의 민본주의(民本主義) 정치를 27대에 걸쳐 519년 동안 실천했던 터전이다. 그래서 오늘날에도 우리의 화폐 속에는 조선조의 민족적인 선비 지도자인 세종(世宗), 율곡(栗谷), 퇴계(退溪), 충무공(忠武公)이 계신다.

『삼국사기(三國史記)』는 고려시대에 김부식이 썼다. 『고려사(高麗史)』는 조선조에 정인지가 썼다. 그러면 조선왕조의 역사는 누가 먼저 연구하여 쓰기 시작했는가? 일제의 침략자들이 1913년에 오대산 사고(史庫)의 조선왕조실록(朝鮮王朝實錄) 888권을 통째로 일본의 도쿄대학으로 가져가서 연구하기 시작했다. 그 죄에 대한 벌이었는지 도쿄에는 대지진이 일어났다. 아쉽게도 그 대지진으로 인해 그들이 훔쳐 간 사료도 몇 권만 남고 다 타버렸다.

그들이 조선왕조실록을 통해 연구하려고 했던 핵심은 '동양의 유교권에서 하나의 체제로 어떻게 500여 년이라는 긴 시간 동안 정권이 유지되었는가?'이다. 일본의 도쿠가와(德川) 정권은 250년 만에 무너졌고, 명(明), 청(淸) 또한 300년을 채 넘기지 못했다. 과연 그토록 오랜 시간 존속할 수 있었던 조선의 통치 이념은 무엇이었는가? 그것은 홍익인간의 보편성이었으며 성리학의 경

(敬)과 성(誠)과 직(直)을 신봉했던 역대의 선비정신이었다. 일본 학자들은 이를 알고 있었다. 그렇기 때문에 식민사관(植民史觀)으로 단군왕검을 격하시키고, 일제 침략이 아니라 선비정신 때문에 조선이 망했다고 줄기차게 주장하고 있는 것이다.

현대적 역사학자로서 1950년대에 겨우 이병도 박사의 『국사대관(國史大觀)』이 나왔으니 조선조 역사 연구는 일본보다도 40년이나 뒤처져 있다. 경성제국대학의 이마니시 류(今西龍), 수사관(修史官)인 교토대학 조교수 이나바 이와키치(稻葉岩吉), 도쿄대학의 구로이타 가쓰미(黑板勝美) 같은 교수들의 식민지사관(植民地史觀) 탓에 우리나라 역사학자들이 우리 전통에서 내려오는 찬란한 사료를 복원하고 회복시키지 못하고 있는 것이다. 참으로 안타까운 일이다.

우리 민족은 300년마다 문예 부흥이 일어나서 국운이 일어난다고 한다. 실제로 역사를 살펴보면 15세기에는 세종의 문화가, 18세기에는 영조와 정조의 문화가 일어났다. 그로부터 다시 3세기가 지난 21세기야말로 우리 민족이 세계 속에서 다시 일어나야 할 때이다. 그러기 위해서 우리 민족은 세 가지 사고방식에서 탈피해야 한다.

그 첫째는 탈냉전·탈이념이다. 이제는 우리의 전통과 문화의 시대가 왔다. 모든 사람을 널리 이롭게 한다는 단군의 홍익인간 이념과 선비정신으로 우리의 생활양식을 바르게 세워야 한다.

두 번째로 탈근대화이다. 우리나라가 선진국으로 도약하기 위해서는 모든 시민이 파사현정하는 정신으로 과거 '부끄러운 한국인(Ugly Korean)'의 인상에서 벗어나 세계적으로 존경을 받아야 한다.

셋째로 우리는 탈식민지 사고로 다시 일어나야 한다. 홍익인간의 정신을 돌이켜 세계에 선포하고, 선비정신으로 이룩했던 문정위민의 민본주의 전통을 긍지를 가지고 일으켜 세워야 한다.

앞으로 해결해 나가야 할 남북통일의 과업에서도 단군왕검의 홍익인간 이념은 민족적인 동질성(同質性)과 정통성(正統性)을 주고 있다. 그동안 남과 북이 함께 변해야 한다. 변화에 있어서 다음과 같은 다섯 가지 오성주의(五成主義)가 시급하다.

첫째로 홍익인간의 포용성으로 남북의 민족주의가 자주와 민주의 지향성을 견지해야 하며,

둘째로 홍익인간의 문화적 공헌으로 남북의 근대화가 물심양면으로 균형 있게 발전해야 하며,

셋째로 홍익인간의 생활문화 창조로 모방과 예속에서 벗어난 우리 민족의 생활양식을 찾고

넷째로 홍익인간의 평화로운 이념으로 남북의 분열과 분쟁을 막고 민족통일을 해야 하고,

다섯째로 홍익인간의 위민정치 전통으로 민본주의에 입각한 현대적 민주화를 이룩해야 할 것이다.

이 5대 과업을 동시적으로 균형 있게 이룩할 때 비로소 조국의 통일은 단군 자손의 민족통일로 이루어질 수가 있는 것이다.

조선 500여 년을 지탱해 온 선비의 힘

경복궁의 '경복(景福)'은 『시경(詩經)』에 나오는 "큰 복"을 누리라는 뜻이고 그 앞 광화문의 '광화(光化)'는 빛이 사방을 덮고, 그 빛으로 세계만방을 변화시킨다는 뜻을 가진 광피사표(光被四表)와 파급만방(波及萬邦)의 약자이다. 그 안에는 세종조 집현전 선비들의 비전과 용기가 서려 있다. '한국의 역사는 300년마다 국운이 움튼다'는 문화 부흥 300년 주기설이 있다고 한다. 살펴보면 15세기 세종조에는 집현전의 문화, 18세기 영·정조 대에는 규장각 문화가 있었다. 그렇다면 다시 300년이 지난 지금, 우리의 21세기는 어떠할까? 바로 세계화의 문화 부흥 시대가 될 것이다.

한국의 문민정부는 출범 후 세계화를 선언하였다. 세계화는 우리가 세계를 더 잘 알아보자는 노력이요, 세계가 우리를 더 알도록 이해시키려는 노력이다. 한국은 그간 냉전 체제의 유물로 민족적 비애와 고통을 겪어 왔으나, 이제 탈이념과 탈냉전의 시대가 도래함에 따라 우리 고유의 생활양식, 가치관, 문화, 전통을 돌이켜서 이를 중히 여길 때가 되었다. 이것은 결코 우연한 일이 아니다. 마치 간헐천과 같이 오랜 역사가 흐르는 땅속의 역사적 지류에서 이따금 300년마다 용솟음처럼 높이 뿜어 대는 문화의 힘인 것이다. 바로 그것이 우리 21세기의 민족적인 기개가 될 것이다.

조선조는 어떻게 중앙권력의 이름이 변치 않은 채로 519년간 27대를 유지할 수 있었을까? 같은 동아시아 주변 국가들을 살펴보아도 이런 사례는 흔히 찾아볼 수 없다. 일본의 도쿠가와 정권은 15대에 걸쳐 유지되었지만 그 장군정치는 250년 만에 무너졌고 중국의 명나라, 청나라 또한 300년을 채 넘기지 못했다. 이와 달리 조선은 어떻게 약 2배에 달하는 500여 년의 시간 동안 체제를 지속할 수 있었던 것일까? 과연 어떤 노하우와 인재가 있었는가. 소프트웨어, 즉 정치의 근간인 제도와 이념은 어떻게 창조되었으며 누구에 의해 유지되었는가. 이것을 가능케 한 것이 바로 선비였으며, 거기에는 우리의 선비정치가 있었다.

지난 몇 십 년 동안 세계는 정치적 이데올로기 앞에서 자기 나라의 고유성과 차별성을 소홀히 하여 왔다. 민주주의와 공산주의의 보편성을 너무나 강조한 나머지 몇 없는 초강대국의 문화 속에 포섭되어 각국의 문화와 생활방식 그리고 가치관까지도 모두 동화되고 있었다. 그러나 이제 국제사회에 탈냉전과 탈이념의 시대가 왔다. 미국의 헌팅턴(Samuel P. Huntington) 교수는 재빨리 "Clash of Civilization(문명의 충돌)"의 시대를 예고했다. 세계가 기독교 문화권, 이슬람교 문화권, 그리고 유교 문화권의 등의 문화 관계로 세계가 재편되며 새로운 국제정치의 조류를 형성할 것이라는 예언이다. 이러한 미래에 닥쳐올 새로운 쇼크를 극복하기 위해서도 미리 각자의 다양한 문화를 이해하고 교류하고 비교하여 조화를 이룬다는 것은 매우 중요한 일이다. 세계는 오히려 그렇게 다양하기 때문에 조화가 이루어진다는 것이다. 여기에 우리는 그 문화의 전통을 존중하고 이해하여 새로운 조화를 창출해야 한다. 너무 오랜 시간 동안 고루하고 낡은 것으로 치부되었던 우리의 진짜 뿌리와 전통을 발굴하여 새 시대에 맞게 정돈하고 다시 우리 것으로 만들어야 한다. 그래야 글로벌 시대 속에서 다른 세계와의 생동감 넘치고 진정성 있는 교류가 가능하게 될 것이다.

따라서 그 전통을 유지해 온 소프트웨어 즉 제도와 이념은 과연 무엇인가에 대한 그 근본적인 이해가 필요하다. 그중에서도 그 문화를 이끌어온 민족의 엘리트들에 대한 이해와 역할평가 그리고 문화적 공헌에 관심을 기울일 필요가 있는 것이다. 다시 말하면 그 문화 창달에 주도적 역할을 한 그 민족과 문화의 '휴먼웨어(Human-ware)', 즉 주도 세력 인재들에 관한 연구가 앞서야 한다.

오늘날 G7의 선진국은 단순한 경제대국을 의미하는 것만이 아니다. 그 나라가 세계적인 선도국이 되기 위해서는 인류문화에 공헌한 업적이 있어야 한다. 경제력만 가지고는 선진국이 못 된다. 역시 그 민족의 문화를 세계적으로 전파시킨 주도세력이 있었다. 예를 들면 영국의 의회 민주정치라는 예술적 정치를 보급시킨 영국의 신사도(Gentlemanship), 프랑스의 국가주의 (Etatism) 주역들, 독일의 융커(Junker), 미국의 개척정신(Frontier Spirit), 그리고 일본의 무사(武士) 사무라이 정신의 비교가 연구에 중요한 주제가 될 수 있을 것이다.

이러한 관점에서 볼 때, 우리 한국이 600년 전 조선왕국을 창설하고 오늘에 이르기까지 그 시대마다 그 체제를 유지해 온 주도 세력들의 선비정신은 오늘날 한국 문화를 이해하는 데 핵심적인 요소가 될 것이다. 각 민족 엘리트들의 문학관과 역사관, 철학관의 비교는 우리의 연구를 더욱 근본적으로 접근시킬 뿐만이 아니라 오늘날의 국제협력의 근본적인 이해를 제공할 수 있을 것이다. 왜냐하면, 오늘날의 문화는 당대만의 것이 아니기 때문이다. 오랜 역사를 통하여 형성된 각국 엘리트들의 사고방식이다. 그래서 그 민족의 중요한 문화적 유산임에는 틀림이 없다. 따라서 한국의 문화를 이해하기 위해서는 우선 선비정신을 이해해야 할 필요가 있는 것이다.

그럼에도 불구하고 각국 엘리트들의 전통적인 수양덕목은 동서고금을 막론하고 보편적인 공통점을 갖는 방향으로 서로가 교류하고 있다. 이러한 공통점이 앞으로 세계적으로 보편적 인본주의적인 경향을 북돋아 주고 있다. 그 예를 들면 오늘날 우리들의 국경을 넘어선 세계적인 봉사단체인 로타리클럽(Rotary Club)의 'SMILE 덕목' 속에도 각 민족의 수양덕목이 용해되어 있다. 그

로타리클럽의 덕목에는 선비정신의 덕목 중에도 Sincerity(성실)와 More consideration(배려), Integrity(정직), Loyalty(충직) 그리고 Enthusiasm(열정)의 덕목이 내포되고 있다. 다만 거기에 포함되지 않은 것은 유교 문화에서 나온 경효(敬孝)일 뿐이다. 유교적 가족제도와 상경하애(上敬下愛)[1]하는 사회적 결속(Social Cohesion)의 방식이 다를 뿐이다. 이것은 유교 문화권의 대표적인 덕목이고 사회 발전의 원동력이다. 그것은 오늘날 서구의 학자들이 만들어 놓은 포스트 유교(Post-Confucianism)의 중요한 덕목의 중심으로 나타나고 있다. 그래서 하버드대학의 두웨이밍(Tu Wei-Ming) 교수는 서구의 300년 경제발전을 30년으로 압축시킨 유교 문화 국가들의 저력을 찬양하면서 보스턴을 유교 문화 연구의 중심지로 만들고 있다고 한다.

이처럼 우리 한국의 역사 깊은 선비정신의 수기치인(修己治人) 팔덕목(八德目)의 보편적인 지도력 덕목은 현대 한국인의 정체성 있는 비전과 용기와 리더십을 제공하고 있다. 그뿐만 아니라 우리의 선비정신은 이제 한국에만 머물러 있지 않고 앞으로 21세기 세계화 시대에서 인류문화 발전에 공헌할 수 있는 겸허한 문화정신이 될 것이다. 4329년 전 한국의 조상 단군이 선포한 홍익인간(弘益人間)의 이념과, 600년을 내려온 우리의 문정위민(文政爲民)의 인본주의정신으로 이제 세계 속에서 인정받아

---

1 윗사람을 공경하고 아랫사람을 사랑하라.

야 할 때가 온 것이다. 여기에 한국의 문화를 진정으로 이해할
수 있는 핵심이 자리 잡고 있다.

선비 그들은 누구인가

조선 시대 선비는 신분적으로 양인(良人, Gentleman) 출신이다. 그들은 그 당시 국학(國學)이고 관학(官學)인 성리학을 전공하면서 그 이념을 실천하는 학인(學人)이다. 공자의 가르침인 『논어(論語)』의 첫 줄에도 바로 "학이시습지 불역열호아(學而時習之 不亦說乎兒)"가 있다. 즉 "배우고 때로 익히니 기쁘지 아니한가?" 그래서 배움은 바로 그들의 인생이었다. 또한 배움의 양과 깊이는 그들의 '사회적 신분'을 결정했다. 선비라면 언제나 자신의 인격을 수양하고 학문을 도야하는 수기(修己)에 힘썼다. 이렇게 '자기를 수양'하는 단계에서는 첫째로 청백(淸白)해야 하고, 둘째로 근검(勤儉)해야 하며, 셋째로 후덕(厚德)을 갖추어야 했다. 그리고 넷째로 경효(敬孝)가 있어야 하며 마지막으로 인의(仁義)가 몸에 배어 있어야 했다. 이러한 수기의 오덕목(伍德目)이 어느 수준에 도달해야만 다른 사람을 다스리는 치인(治人)의 단계로 갈 수 있다는 것이다. 치인의 삼덕목(三德目)은 선정(善政)과 충성(忠誠) 그리고 준법(遵法)이다. 따라서 선비의 삶은 자신을 갈고닦는 수기의 수양과 남을 리드하는 치인의 의무를 평생 되풀이하여야 하는 수기치인(修己治人) 팔덕목(八德目)의 인생이다. 그들의 최종 목표는 학자관료가 되는 것이다. 수기의 단계에서는 사(士)라 불리고, 치인의 관료 단계에서는 대부(大夫)라 불린다. 이 과정이 합쳐져서 사대부(士大夫)라는 학자 출신의 관료가 되는 것이다. 문정위민(文政爲民)의 이념 아래서 조선조 519년 동안 27대의 왕과 학자 출신의 위정자는 세계에서 보기 드문 정치의 법제사를 이룩해 놓았다. 그것이 기록으로 남은 것이 888권의 『조선왕조실록(朝鮮王朝實錄)』이다.

그 기록 속에는 청백리(淸白吏)로 녹선된 사대부가 218명이 있다. 청백리로 녹선되는 것은 민족의 귀감이 되는 가문의 영광이었다. 청백리 녹선 과정은 국가에 의해 엄격한 절차를 거쳐 이뤄졌다. 국왕의 참석하에 한 사람 일생의 행실과 업적을 심사하였다. 그 심사 기준이 바로 수기치인 팔덕목이다. 그 49%가 청백의 명목이었다. 근검은 국왕에서부터 실천했다. 왕좌가 있는 곳의 이름이 바로 근정전(勤政殿)인 까닭이다. 정치를 검소하고 부지런하게 하라는 뜻이다. 후덕은 가장 한국적인 시혜(施惠)의 리더십이다. 국민에 대한 활인공덕(活人公德), 구난공덕(救難公德) 그리고 행인공덕(行人公德)으로 더불어 잘 살아야 한다는 대동사회(大同社會)를 지양하는 봉사정신이었다. "Serve above self"하는 초아(超我)의 봉사를 하는 배려와 후덕의 개념이다. 그리고 경효는 전통적인 가족제도 안에서 상경하애(上敬下愛)하는 사회 미풍을 지키고 어른 노릇을 얼마나 성숙하게 하였던가를 평가했다. 인의는 어질고 정의로워야 한다는 가치관의 심사였다. 살신성인(殺身成仁)[1]의 인(仁)과 견리사의(見利思義)[2]의 의(義)를 생활신조로 삼고 있는지를 보았다. 이렇게 수기의 오덕목을 이룩한 선비는 의무적으로 치인의 3대 역할을 해야 한다. 이것은 학자관료인 사대부의 업적심사가 된다. 첫째로 얼마나 선정(善政)을 했는가? 그 업적이 무엇인가? 둘째로 얼마나 국가에 충성했는가? 셋째로 행정을 하는 데 있어 얼마나 준법정신이 철저했던가? 이는 지방의 행정을 다스리는 관료의 경우 수령칠사(守令七事)라는 7개의 기준으로 평가했다. 이와 같은 수기치인 팔덕목의 기준은 이미 지난 600년 동안 규범화되어 한국인에게 깊이 스며들어 오늘날 한국 사회에서도 선악을 가려내고 인물을 평가하는 데 있어서 자연스러운 기준이 되었다.

이와 같이 국가와 백성을 위해 공헌하는 것을 인생의 목표로 하였던 선비는 인도의 카스트제도처럼 대대손손 세습의 특권을 누리는 계급이 아니었다. 그런데도 선비가 되는 과정은 이렇게 쉽지가 않았다. 언제나 끊임없이 인격을 수양하고 지식을 겸비하여 백성의 존경을 받아야 하였다. 가려 뽑힌 소수 정예의 엘리트 개념과, 어떤 무리(群)를 이끌고 나가는 영웅적인 리더의 개

---

1 자신의 몸을 희생해서 인의(仁義)를 이루는 것.
2 눈앞의 이익을 보면 의리를 먼저 생각함.

넘을 합친 학인(學人)을 말한다. 오직 계속적인 배움, 즉 학습의 유지만이 그의 신분을 보장할 수 있었다.

선비의 전공필수는 문사철(文史哲)의 인문학이다. 문학과 역사와 철학에 정통해야 한다. 그리고 그들의 교양필수 과목은 시(詩)와 서(書)와 화(畵)였다. 학문만 잘해서는 멋을 아는 진정한 선비로 인정받을 수 없었다. 따라서 당대의 선비란 지식과 교양을 겸비한 인문학도로서, 학(學)과 예(藝)를 함께 갖춘 이성과 감성이 잘 조화된 지성인이다.

그리고 언제나 배움과 행동을 일치시키는 데에 충실한 학행일치(學行一致)와 학문과 예술을 조화시키려는 학예일치(學藝一致)의 정신은 그들 선비의 영원한 멋이었다. 그들 인생의 목표는 현세에서 모든 사람이 평등하게 함께 잘 할 수 있는 대동사회를 실현시키는 것이었으며, 이를 위해 일생을 다해 노력하였다. 그러면서도 언제나 실리보다는 명분을 취하면서 치열하게 살다간 조선조의 이상주의자가 바로 선비이다.

오늘날 한국에서는 지성인이라 하면 단지 지식과 학문에 종사하고 있는 사람을 말하게 되었다. 어느새인가 지성인의 범위가 '지식 종사자'로 축소·왜곡되고 그 운치와 격조 또한 잃어버리게 된 것이다. 선비의 학문을 대하는 태도와 학예를 겸비한 삶은 현재 한국의 지성인들이 갖춰야 할 새로운 기개와 멋을 알려주고 있다.

선비와 인의예지신 문화

그날이 오면

그날이 오면 그날이 오면은
삼각산(三角山)이 일어나 더덩실 춤이라도 추고
한강물이 뒤집혀 용솟음칠 그날이
이 목숨이 끊기기 전에 와 주기만 할량이면
나는 밤하늘에 날으는 까마귀와 같이
종로의 인경(人磬)을 머리로 들이받아 울리오리다.
두개골(頭蓋骨)은 깨어져 산산조각이 나도
기뻐서 죽사오매 오히려 무슨 한(恨)이 남으오리까.
그날이 와서 오오 그날이 와서
육조(六曹) 앞 넓은 길 울며 뛰며 딩굴어도
그래도 넘치는 기쁨에 가슴이 미어질 듯하거든
드는 칼로 이 몸의 가죽이라도 벗겨서
커다란 북을 만들어 들쳐 메고는

여러분의 행렬에 앞장을 서오리다.

우렁찬 그 소리를 한 번이라도 듣기만 하면

그 자리에 거꾸러져도 눈을 감겠소이다.

　

이것은 〈상록수〉의 작가 심훈 선비의 시(詩)이다. 선비의 처절한 저항시로 유명하다. 영국의 저명한 시 평론가인 옥스퍼드 대학의 바우라(C. M. Bowra)는 그의 책 『시와 정치』에서 이 시 〈그날이 오면〉이야말로 "세계적인 저항시의 본보기"라고 했다. 인도의 시인 타고르도 이렇게는 영국에 저항하지 못했다. 그래서 "일본의 식민 통치는 가혹했으나 한국 민족의 저항시는 막지 못했다"라고 했다.

이 시에는 선비의 기질과 멋이 서려 있다. 원래 선비는 문사철(文史哲)의 지성과 시서화(詩書畵)의 교양을 겸비해야 한다. 우리 세대도 이제부터는 "언제나 세상살이를 글(文)로써 표현하고 역사(歷史)의식 속에서 삶의 가치(哲)를 찾아서 행동하고" 또한 "멋있는 시(詩)도 읊고 서화(書畵)를 즐기는 선비다운 고고한 여생"을 누려야 할 것이다.

심훈 선비는 참으로 암울한 세대에 태어났다. 그는 3.1만세를 부르다가 중학교에서 퇴학당했고, 상하이임시정부 기자로 있으면서 1920년 청산리 대첩을 취재하였다. 그는 그 후 일본군이 청산리 대첩에 대한 보복으로 조선인 촌락을 몰살시킨 현장을 목격하고 이 시를 썼다. 1932년에 이 시를 발표하고 얼마 지나지 않아 1934년에 작고하였으니 그분은 1936년 손기정 선수의 마라톤 승리의 기쁨도 채 누리지 못하고 가셨다.

그분은 우리 민족의 고향인 서울을 읊었다. 삼각산, 한강, 육조 네거리…. 그리고 "종로의 인경을 머리로 들이받아 울리오리다"라고 했다. 조선조가 한양으로 천도한 이후로 519년 동안 보신각(普信閣)에서 종을 울려 왔었다. 그 시간이 몇 시였던가? 바로 인시(寅時)였다. 오늘날 새벽 네 시이다. 어두운 밤의 기세가 물러나고 비로소 여명의 조짐이 보이기 시작하는 시간이다. 이때가 바로 선비의 기상(起床) 시간이기도 하다.

그 종소리가 울리면 서울의 사대문(四大門)이 열린다. 동(東)의 흥인지문(興仁之門), 서(西)의 돈의문(敦義門), 남(南)의 숭례문(崇禮門), 북(北)의 숙정문(肅靖門) 그 뒤의 홍지문(弘智門)이다. 그리고 보신각의 종이 하늘을 보고 울리면 그 소리가 천지사방(天地四方)으로 33번 퍼져나간다. 그때 선비의 도시 한양은 인의예지신(仁義禮智信)의 대문이 열고 하루를 시작한다. 이것이 바로 한국의 전통문화와 선비 생활의 첫걸음이 된다.

전국의 역사 있는 마을의 이름도 짚어본다. 효자동, 충신동, 효제동, 적선동…. 서양에서 하듯 단지 몇 번가, 몇 번지로 불리는 것이 아니다. 당시는 도덕과 윤리를 지향하는 가치관을 위아래 할 것 없이 실천적으로 행하였고 이는 곧 모두의 생활양식으로 확립되어 마을 이름에도 그 덕목이 드러나 오늘날까지 내려오는 것이다. 조선조가 27대에 걸쳐 519년 동안이나 그 정치적 정통성을 지키며 유지될 수 있었던 이유를 바로 알 수 있다. 이러한 사례는 근세사에서 찾아보기 드물고, 선비정신에 기반한 정치이념은 그 어떤 것과 비교할 수 없이 독창적이고 고유한 것이다.

그런데 그 전통과 문화가 오늘날 우리 사회 내에서 무너지고 있다. 수도 서울 그리고 전국의 TV 뉴스를 보라! 한국은 미풍양속의 도덕 국가에서 흉악한 범죄 공화국으로 선전되고 추락하고 있다. 지난 100여 년을 전후하여 우리의 빛나는 동방예의지국(東方禮義之國)의 역사와 전통이 단절되어 왔다. 특히 20세기에 일본 식민지, 한국전쟁과 공산당과의 이념 투쟁 등을 거치며 우리의 고유문화와 생활양식은 손쓸 새 없이 무너져 버렸다. 참으로 안타까운 세상이 왔다.

빛나는 우리의 역사와 문화를 재건하는 방법은 다른 데에서 찾을 필요가 없다. 암울한 시대에도 선비정신을 잃지 않고 저항하였던 심훈 선생의 시를 돌아보자. 언제나 어질고 착한 마음(仁)으로 정의로운 길(義)을 택하면서 사회질서에 순응(禮)하면서 세계조류에 참여할 수 있는 지성(智)을 닦아서 신망(信)을 얻어야 할 것이다. 이것이 바로 우리의 전통문화의 재건이며 오늘날 한 가정에서 자유로이 다양한 종교를 믿으면서도 하나될 수 있는 우리의 생활양식이 된다. 이를 위해서 산전수전(山戰水戰)을 겪어온 우리 세대의 역할이 더욱 큰 것이다.

제2부

고궁에서 배우는
선비정치

선비의 고궁 산책

화창한 봄날이다. 우리 선비들 간단한 차림으로 고궁산책을 나서 보자. 600여 년 전에 태조는 새 도읍인 한양에 새 궁전을 세우고 그 이름을 무어라 짓는 게 좋을지 물었다. 이에 선비 정도전은 시(詩)를 읊어 답했다.

이미 술에 취했습니다.	旣醉以酒
배도 군왕의 은덕으로 이미 차 있습니다.	旣飽以德
오! 국왕이시여 만년토록 오래 사시고	君子萬年
오직 큰 복을 누리소서.	介爾景福

『시경(時經)』 대아(大雅) 편에 나오는 이 유명한 시구에서 경복궁(景福宮)이라는 이름이 나왔다. 조선조의 대동사회(大同社會) 이상을 현세에서 실현하기 위한, 복지국가를 지향하고 있는 이름이다.

그 경복궁의 정문인 광화문(光化門)의 이름도 선비의 기상을 넘치게 표현하고 있다. 세종 시대 집현전 엘리트들의 발상으로 사정문(四正門)이라는 이름을 '광화(光化)의 정문'으로 고친 것이다.

빛이 나라 밖 사방을 덮고　　　　　　　　　　　光被四表
세계만방을 변화시키자!　　　　　　　　　　　　化及萬方

이것이 광화문의 이념이었다. 조선조 전성기인 15세기 세종 대왕의 비전과 용기가 거기에 있다. 건국한 지 25년 만에 문화와 정치제도가 훌륭하게 확립되어 각국과 교류가 많았다. 그리하여 조선조가 27대에 걸친 왕조를 519년 동안 문화국으로 유지해 왔다. 참으로 대단한 문화역사이다.

서울의 창경궁(昌慶宮)은 4, 5월이 절경이다. 특히 해 질 무렵 석양의 산책은 아주 그만이다. 시인 노천명은 "청잣빛 하늘이, 육모정 탑 위에 그린 듯이 곱고, 연못 창포잎에, 여인네 맵시 위에 감미로운 첫 여름이 흐른다. '라일락' 숲에, 내 젊은 꿈이 나비처럼 앉는 정오, 계절의 여왕 오월의 푸른 여신 앞에, 내가 웬일로 무색하고 외롭구나"라고 표현했다.

창경궁의 정문 이름은 홍화문(弘化門)이다. 홍익인간(弘益人間)의 정치이념을 표현한 것이다. 태종은 우리가 기자조선(箕子朝鮮)의 식민지가 아니라 5천 년 전의 단군이념으로 세운 나라라는 주체성을 그 이름에서 나타냈다. 그래서 중국에서 사신이

와도 궁에 들어올 때 이 문을 통과하게 했다고 한다. 홍화문을 지날 때면 '넓게 변하리라'는 경건한 각오를 가지게 된다.

발길을 옮겨 명정문(明政門) 앞에 서게 되면 한석봉의 명필과 마주하게 된다. 정치는 공명정대하고 청렴결백해야 한다는 휘호다. 밀실에서 명분 없이 사리사욕만을 채우는 요즘과 같은 정치를 배격해야 한다는 매서운 가르침을 담고 있다. 문안에 들어서면 명정전(明政殿)의 큰 뜰이 열린다. 전면에 국왕이 앉고 그 앞으로 문무백관이 동(東)으로는 문관, 서(西)로는 무관으로 나누어 정렬하여 국왕의 주재 아래 정중하고 화려한 정치의식이 거행된다. 명정전에서는 정치를 밝게 하리라는 유교의 이념과 기상이 느껴진다. 용상의 왕좌가 볼만하다.

그 명정전 남쪽의 넓은 잔디밭이 있는 곳은 과연 왕비가 아름다운 궁녀들을 거느리고 거닐만하다. 그러나 이곳은 아름답기만 한 장소는 아니다. 일제 총독부가 만든 창경원 동물원의 원숭이와 코끼리, 호랑이, 곰이 있었던 바로 그 자리이다. 한 나라의 왕궁의 권위를 우습게 만들었던 일제의 가증스러운 만행을 잊지 않게끔 하는 곳인 것이다. 한 나라의 흥망성쇠를 창경궁에서 모두 느낄 수 있는 이유이기도 하다.

명정전 뒤에는 아담한 숭문당(崇文堂)이 나온다. 명정(明政)을 위해 지어진 밝은 남향의 전각은 국왕을 모시고 경연(經筵)과 강론(講論)을 했던 글방과도 같은 장소이다. 문(文)을 숭상하는 배움의 전당이고 옛것을 통해 새로운 정치의 실천을 생각해 보는 곳이다. 18세기 영조대왕의 어필(御筆) 현판이 눈에 띤다. 참으로 호학(好學)의 선비 명군이셨다. 재위 52년 동안에 직접 주관한 5,400여 회의 경연 기록이 아직도 규장각에 남아 있다. 영조는『소학(小學)』을 직접 해석하고 주석을 붙인『어제소학지남(御製小學指南)』을 간행하기도 했는데, 이는 사도세자를 거쳐 정조까지 17년 걸려서 내려왔다.『소학』은 일상에서의 도덕과 예법, 수신의 가르침을 담고 있어 영조가 무엇을 치세의 근본으로 삼았는지를 알 수 있다. 18세기에 동방예의지국으로서 새로운 전성기를 맞이할 수 있었던 연유이다.

고궁의 깊숙한 곳에는 문정전(文政殿)이 자리하고 있다. 어전회의(御前會議)가 열리는 국왕정치의 편전(便殿)으로 오늘날의 국무회의장이다. 모든 국사는 이곳 어전에서 심의하여 결정되었다. 어전회의에는 국왕이 친히 참석하여 대신들과 함께 국가의 대소사를 의결하고 집행해 나갔는데, 여기엔 사관(史官)의 기록과 언관(言官)의 견제가 반드시 동반되었다. 이렇듯 감시와 간언이 철저하게 제도화되어 있었기에 권력의 독주와 남용을 막고 균형과 협력의 정치가 가능했던 것이다. 그들 선비의 역할이 너무나 크다.

이렇게 홍화문-명정전-숭문당-문정전으로 곧바로 이어지는 철저한 민본주의 전통과 문정위민(文政爲民)의 정치 산책을 즐겨 보았다. 문정위민을 위해서 궁에 모인 인재들은 근본적으로 모두가 이 나라의 '선비'들이었다. 선비가 벼슬을 하여 대부가 되었으니 조선의 정치사는 곧 사대부의 정치사였다. 사대부가 이룩한 선비문화의 제도화로 찬란한 법제사의 전통이 지켜졌기 때문에 500여 년 동안 사직을 지켜낼 수 있었던 것이다.

한림의 선비, 사관

앞선 이 봄의 창경궁(昌慶宮) 산책에서 우리는 홍익인간(弘益人間)의 주체성이 느껴지는 홍화문(弘化門), 밝은 정치를 하겠다는 기개의 명정전(明政殿), 경연(經筵) 공부하는 숭문당(崇文堂), 그리고 문(文)으로써 정치하자는 문정전(文政殿)까지 선조들의 일사불란한 문민정치(文民政治)의 발자취를 느껴봤다. 선비 사대부들의 삶에는 한결같이 법도가 있었다.

문정전에서는 삼정승, 육조판서 그리고 훈구대신들이 국왕을 모시고 함께 나랏일을 보고 경연을 열었다. 오늘날의 국무회의를 열었던 것이다. 그 장면에는 반드시 춘추관(春秋館)에서 파견된 젊은 한림(翰林) 선비 두 명이 마주 앉아 있다. 이른바 사관(史官)들이다. 조선조에서는 그 누구도 절대로 왕과 독대할 수 없었고, 왕을 알현하는 데에는 반드시 사관이 배석하여야 했다. 오늘날 국회에도 속기사가 있지만, 그 역할의 의미를 따져보면 옛 사관과는 사뭇 다르다.

다시 경연의 장면으로 돌아가 보자. 사관은 그날의 회의에서 나오는 모든 말씀을 형용사 없이 그대로 직필(直筆)하여 사통(史桶) 속에 집어넣는다. 그런데 왜 두 명인가? 왼쪽 사관은 말씀만을 적고 또 오른쪽 사관은 발언하는 그 사람의 표정과 태도를 적었다. 붓으로 만든 비디오테이프나 다름없다. 마치 동영상과도 같은 입체적인 기록을 미래에 전한 것이다. 이렇게 사관의 기록은 무소불위의 권력을 가졌던 국왕에 대한 후대의 평가표였다. 따라서 왕권에 대한 엄한 견제의 기능을 할 수 있었던 것이다.

세종이 즉위한 지 4년 만에 부친인 태종이 서거하자 세종은 사관의 기록에 대한 은근한 궁금증이 생겼다. 그래서 낯익은 사관에게 태종에 대한 사초(史草)를 볼 수 없냐고 사적으로 청해 보았다. 지엄한 임금의 하명이었지만 사관은 선비답게 답하기를 "폐하께서는 물론 가필(加筆)은 안 하시겠지만, 그래도 주상 같은 성군이 이것을 보시면 이후의 다른 왕들도 모두 사초를 보게 될 것입니다. 그러면 실록의 가치가 없습니다." 사관이 이렇게 대답하니 세종은 황급히 손을 저으며 없던 일로 하자고 하셨다. 이 유명한 일화는 마찬가지로 사관에 의해 세종실록에 그대로 기록되어 나와 있다.

꼼꼼하게 기록된 사초는 그 왕의 손자 대에 가서야 간행작업이 이뤄지고 공개되었다고 한다. 여러 권의 복사본을 만들어 오대산, 성주, 전주 등에서 보관하여 여름에는 하관(夏官)이 습기를 제거하고 포쇄하는 작업을 거쳐 500여 년을 생생하게 보존해 왔다. 그리고 결국 888권의 『조선왕조실록(朝鮮王朝實錄)』이 우리에게 전해져 오는 것이다. 이것은 선비들이 만든 세계적인 법제사이며 기록정치의 극치로 자랑스러운 유산이다.

이처럼 중대한 직책을 수행하는 사관 선발의 책임을 지는 이들은 단(壇)을 모아 향(香)을 피우고 "만일 내가 적임자 아닌 사람을 천거한다면 재앙을 받아도 좋다"고 천지신명께 맹세하였다고 한다. 비록 사관은 오늘날의 사무관급으로 하늘의 재앙을 각오할 정도로 고위직인가 싶기도 하겠지만 인사 추천에 그 정도의 책임을 지는 모습이 아주 선비다운 것이다.

오늘날 우리 정부에 기록문화가 그처럼 왕성한가? 정책을 추진하는 데에는 반드시 책임이 따라야 한다. 기록과 감시 없이 투명한 정치는 없다. 조선조 500년의 생명력은 바로 기록을 통한 견제의 정치로 법치사회를 확립한 데에서 찾아볼 수 있다. 나랏일을 수행함에 있어 선비들은 기록의 중요성을 아주 잘 알고 있었다. 조선 시대의 사대사서(四大史書)는 엄정한 선비의 전통이다. 『일성록(日省錄)』, 『승정원일기(承政院日記)』, 『비변사등록(備邊司謄錄)』 그리고 『조선왕조실록』은 우리의 자랑이다.

옥당의 선비, 언관

　예문관(藝文館) 선비로서 한림(翰林)의 사관(史官)은 어전회의에서 국왕 가까이 앉아서 위정자들의 언행과 정책 발언을 기록하여 먼 훗날 그 왕의 업적을 평가하고 있었다. 또한 한편에는 국왕과 대신들의 그릇된 오늘의 언행과 정책 결정을 정면에서 비판하여 바로잡도록 하는 직책이 있다. 그것이 바로 옥당(玉堂) 선비인 언관(言官)이다. 대쪽같은 사간원(司諫院) 선비들이다.

　문정전의 어전회의에서 아무리 합법적으로 결정을 내렸더라도 그것이 조선조의 국시(國是)인 유교적 성리학 원리에서 벗어나면 옥당 선비인 언관은 국왕 앞에서 "폐하! 거두어 주십시오"라고 직간(直諫)한다. 이것이 바로 추상같은 대간(臺諫)이다. 대간은 상대(霜臺)라고도 한다. 다른 모든 신하들은 국왕의 앞에서 "성은이 하해와 같습니다" 하면서 머리를 조아리고 있는데, 오직 언관만은 고개를 들어 눈의 높이를 국왕의 눈높이로 하고 큰소리로 외쳤다.

　조선 전기의 학자 서거정은 사간원의 옥당 선비들이 왕의 앞

41

에서 당당하게 직간하는 장면을 보고 "벼락이 떨어져도, 도끼로 목을 쳐도 그래도 서슴지 않는다"고 하며 선비의 기개(氣慨)에 탄복했다. "어찌 백성들에게는 무속(巫俗)을 믿지 말라고 하면서 왕궁에서는 소격서(昭格署)에서 매일 굿을 하고 있습니까?" 소격서는 무속신앙과 도교를 바탕으로 제사를 지내는 곳이었다. 국왕은 홀로된 대왕대비께서 굿을 여는 것이 오늘날에 오페라를 관람하는 정도라고 생각했기 때문에 물러서지 않고 소격서를 그대로 두었다.

그러면 사헌부(司憲府) 홍문관(弘文館) 그리고 사간원의 막강한 사대부들이 합동하여 대궐 앞에서 농성 데모를 한다. 그것이 유명한 삼사합계(三司合啓)이다. 위민(爲民)을 실현하기 위해 충성스러운 마음으로 국왕의 언행과 통치 노선을 감시하고 수정을 요청하는 것이다. 그것이 곧 충신의 자세이자 선비의 도리였다. 이러한 간언의 절차는 몇 달이 걸렸다. 국왕은 이를 가벼이 여길 수 없었다. 청종(聽從), 즉 '듣고 따라야지' 그 왕권을 유지할 수 있었다. 소격서 또한 이와 같은 반대가 끊임없이 지속되자 결국 없어졌다.

언관의 직간제도에서 알 수 있는 것이 바로 "할 말은 해야 한다"는 선비의 기질과 기개이다. 이러한 직간의 전통이 조선조를 오래도록 맑게 유지해 왔다. 총칼로 한 체제를 그리 오래도록 유지할 수 있던가? 500여 년의 사직은 무력이 아닌 기록정치, 직간문화, 그리고 감찰제도로 유지된 것이다. 왕궁의 엄격한 법도와 투명한 실천이 있었기에 자연스레 백성이 따랐다. 이 같은 정치문화는 맹자에게서 영향을 받았다.

"민위중 사직차지 군위경(民爲重 社稷次之 君爲輕)", 백성이 제일이고, 사직이 그다음이고, 군주가 가장 가볍다. 맹자는 왕이라도 부도덕한 자라면 먼지보다 가벼워서 날려 보낼 수도 있다고 했다. 그래서 조선조에는 폭군정벌론(暴君征伐論)이 헌법상 정당한 일이었기에 반정(反正)이 두 번이나 있었다. 한명회는 예종, 성종의 부원군으로 영의정의 권세를 누렸지만, 그는 성종 26년 동안 107회의 탄핵을 받았다. 아무리 강력한 권세에도 그릇된 일이라면 굽히거나 모른척하지 않았다. 이것이 사헌부의 기풍(紀風)이고 선비정신의 전통이다.

성삼문은 대표적 언관이다. 언관은 위로는 임금의 잘잘못을 가리고 아래로는 대신들의 시비를 따져야 하는데 수양의 거사를 막지 못해 38세의 나이에 장렬한 최후를 맞는다. 또한, 중종 때 조광조는 언관으로서 유교적 원칙을 고수하면서 서릿발 같은 기개로 충언을 하다 37세의 나이에 사약을 받았으나 그는 후에 조선왕조의 도덕적 파수꾼으로 역사에 길이 남았다. 오늘날 이런 대간이 과연 있는가?

경복궁과 후덕정치

70년 동안 그늘진 응달에서 견디었던 경복궁이 드디어 햇빛을 보게 됐다. 한강 북쪽의 양지바른 북악산 기슭의 근정전(勤政殿)에서 남쪽을 바라보면 광화문 앞 육조(六曹) 네거리도 훤히 열리고 "한강수가 용솟음치는 듯" 시원해졌다. 문득 1932년 심훈의 피맺힌 〈그날이 오면〉이란 처절한 시(詩)가 생각난다. "삼각산이 일어나 두둥실 춤이라도 춘다"라는 시구(詩句)의 그날이 오고야 말았다. 민족의 정기가 흘러내리는 북한산 국망봉에서 이성계가 친히 한양 땅을 내려다보고 수도로 정한 지도 600여 년이 넘었고 "경복(景福)"이라는 『시경(詩經)』의 좋은 글귀를 가져와 궁궐을 만들어 오늘에 이르렀다. 그 대아(大雅)의 시구 중에 "이제는 술에도 흠뻑 취했고 임금님의 은덕으로 배도 부릅니다. 왕이시여! 백년 만년, 그저 큰 복을 누리소서"에서 나온 큰 복(福)이 바로 경복궁의 이름이 됐다. 우리에게 다시 돌아온 오늘의 경복궁은 "오! 국민이여! 천년만년 큰 복을 누릴 때가 왔다"고 선언하는 듯하다. 경복궁 앞 광화문 대문의 비전도 웅장하다. "빛이 사방을 덮고, 그 빛으로 만방을 변화시키겠다"는 15세기 집현전 엘리트들의 포부와 용기가 담겨 있다. 그렇다면 이미 오늘날의 세계화 구호도 일찍이 세종조 문정위민(文政爲民)의 문민시대(文民時代)에 미리 선언된 것이 아니겠는가? 우리 한민족의 부흥은 마치 300년마다 뿜어대는 간헐천(間歇泉) 같다고 하는 이가 있다. 그 말대로 세종조 전성기를 이은 18세기에는 영조·정조의 규장각 문화가 있었다. 그렇다면, 이제 21세기의 문화 부흥의 시운이 우리를 기다리고 있는 것이 아닌가?

경복궁 정치문화의 핵심과 노하우는 무엇이었던가? 이러한 물음은 경복궁의 값지고 참다운 제 모습을 재조명할 수 있게 한다.

어떻게 정치를 했기에 근세 세계 역사에서 조선왕조는 519년간 27대에 걸쳐 체제를 유지할 수가 있었을까? 그렇게 사대(事大)하면서 관계를 유지했던 명나라의 수명은 278년이었고, 청나라도 300년을 견디지 못하고 296년만에 망했다. 일본의 도쿠가와(德川) 정권도 15대 250년으로 끝을 맺었다. 이 이웃 나라들은 다 같은 유교 문화권이었다. 그런데 조선은 과연 누가, 어떻게 나라를 다스렸기에 유일하게 500년이 넘는 시간 동안 국가를 존속시킬 수 있었는가? 이는 총칼만으로는 안 된다. 오직 통치자와 피통치자의 후덕(厚德)을 지향하는 마음씨를 바탕으로 한 제도와 문화에 의하여 이루어졌다. 그것이 바로 후덕정치(厚德政治)이다. 청빈한 선비 관료인 사대부에 의한 조선조 초기

200년, 즉 선조 25년에 임진왜란이 일어나기 전까지 조선의 법제사는 세계적이었다. 치인(治人)하는 자로서 철저한 윤리관과 도덕관을 갖추고 공명정대하며 청렴결백했던 통치자의 모습은 피통치자의 모범이 되었고 이를 통한 교화(敎化)는 대단했다. 그 전통은 오늘날에도 우리 마음속에서 깊이 숨 쉬고 있다. 그것은 이미 오랜 시간 전수되어 우리 몸속에 유전자로서 뿌리 깊이 새겨져 있다. 그래서 후덕은 정치인이 지녀야 하는 변치 않는 덕목이 되었고, 오늘날에도 유권자가 공직자를 뽑는 데 있어 여전히 중요한 평가지표이다.

조선조의 엄격했던 사관(史官)의 기록과 언관(言官)의 결사적인 직간(直諫)이 경복궁의 통치자들을 후덕정치의 이념으로 받들고 있었다. 그 실례는 『조선왕조실록(朝鮮王朝實錄)』이라는 888권의 블랙박스를 들춰보면 쏟아져 나온다. 오늘날에도 황희 정승을 모르는 우리 국민이 있을까? 세종이 그의 집을 찾아가 보니 황희는 누추한 방 한 칸에서 왕골 돗자리를 깔고 있었다. 세종은 이를 보고 "과인이 등이 가려우면 여기에 와서 눕겠네"라고 하셨다고 한다. 당시 세종은 경복궁의 경회루 옆에 초가삼간을 지어 놓고 기거하면서 백성들의 삶을 몸소 겪으며 고통을 나누었다고 한다. 그때 세종은 오늘날의 성인병에 해당하는 백내장과 각기병, 당뇨병에 시달리고 계셨다고 한다. 매일 아침 정승들이 와서 "폐하! 오늘은 환궁하옵소서" 하였는데 그러나 세종은 국왕부터 스스로 수기치인 팔덕목의 리더십을 실천하면서 후덕정치를 구현했던 것이다. 당대 백성은 "세종 같은 왕에 황희 정승 같은 이만 있으면 살맛이 난다"라고 할 정도였다고 한다.

그 후덕정치의 전통이 새로 닥쳐올 21세기 우리 정치문화 속에 또다시 움터 나와야 할 때가 왔다. 바로 그것이 온 국민의 기대이며 바람이고 우리 정치의 이상향이다. 후덕의 정치는 시혜문화(施惠文化)에서 나오고 있다. 그것은 우리 민족의 소박한 성황당(城隍堂)의 기복(祈福) 신앙에서부터 움텄다. 죽게 된 사람을 살려 본 활인(活人)의 공덕이 있었느냐? 가난을 도와준 구난(救難)의 공덕은? 그리고 집 없는 이에 대한 행인(行人)의 공덕을 한 적이 있었던가? 이것들이 오늘날에도 자비와 후덕의 정치 덕목으로 역력히 남아 있다.

영국 민주정치 천 년의 헌정사 속에도 이런 미담(美談)은 드물다. 우리 조선조가 망해 가던 19세기에 영국에서는 민주정치의 꽃을 활짝 피웠다. 그 꽃들은 오늘날 G7의 결실을 맺고 온 세계의 부러움을 받고 있다. 그러나 그것은 물질적인 풍요에 그치는 것뿐만이 아니다. 그 본질은 바로 영국인이 애용하는 '자제와 관용'의 정신이다. 소위 "서구 민주주의의 따뜻한 물줄기"는 바로 '자제와 관용의 문화' 속에 있는 것이다. 그들이 자랑하는 것은 눈에 보이는 풍요가 아니라 보이지 않는 것이다. 그것을 통해 평화적인 정권 교체, 진보와 보수의 공존, 정치가들의 상호 이해와 신뢰 구축이 이루어질 수가 있었기 때문이다.

이것이 다름이 아닌 세계적으로 보편화된 후덕정치가 아닌가? 이제 우리에게도 탈이념의 시대가 왔다. 우리 문화와 전통이 또다시 움터 나올 때가 왔다. 그래서 경복궁의 후덕정치가 21세기 민족 중흥의 세대에 새로운 햇빛으로 나타나서 우리의 그늘지고 섭섭했던 곳마다 비추어야 할 것이다.

선비의 고과 기준

조선 시대의 선비는 신분적으로 양인(良人)에 해당한다. 공부를 열심히 하면 과거를 볼 수 있는 신분이다. 공부해야 하는 학문은 성리학(性理學)으로, 성리학을 전공하면 출세의 길에 오를 수가 있다. 그래서 조선조 유교 사회의 관학(官學)은 사서삼경(四書三經)이 기본 교과서이고 격물치지(格物致知)[1]의 공부 방법으로 요약된다. 그래서 선비는 문사철(文史哲)의 인문학(人文學)에 통달해야 했다.

이것이 오늘날에도 우리 대학의 교양 과정으로 절실하다. 그런데 이러한 필수교육이 오늘날 우리 대학에는 쇠퇴하고 그것을 훈도(薰陶)[2]할 수 있는 교수는 부족하다. 대학교육이 그저 효율적으로 돈 버는 교육으로 전락했다. 정치학이 행정학이 되고, 경제학이 경영학으로 실용학문이 되어 인격 형성의 지도자 교

---

1 사물에 대하여 깊이 연구하여(격물) 지식을 넓히는 것(치지).
2 교화(敎化)하고 훈육(訓育)하는 것.

육은 왜소화되는 경향이 있다.

그리고 학예일치를 멋으로 여겨 시(詩)·서(書)·화(畵)의 수양을 학문 공부와 더불어 수기치인 교육에서 중요하게 생각했다. 성리학이 전공필수 과목이라면 예술은 교양필수 과목인 것이다. 그래서 선비 또는 사대부의 지도자는 반드시 '문사철(文史哲), 시서화(詩書畵)'의 멋을 겸비해야 한다. 그리하여 인생의 멋과 운치를 학자, 공무원 또는 관료 사대부의 삶으로서 끝까지 멋있게 꾸려나가지 않으면 안 되었다.

이러한 교양과 인격이 갖추어질 때 목민(牧民)의 지도자가 되고 백성을 멋있게 다스릴 수 있게 된다. 조선조 관료제도에서는 반드시 지방행정을 해보고 그때 백성이 얼마나 따랐는지를 평가했다. 그래서 오늘날에도 지방 군청 소재지 뒤뜰에는 무수한 송덕비(頌德碑)가 즐비하게 서 있다.

오늘날 청와대에서 나이와 경력에 엄격한 제한이 없이 장관을 뽑는 것과는 달리, 아무리 배경이 좋을지언정 바로 중앙의 고위 관직에 오를 수는 없었다. 반드시 지방의 행정을 먼저 경험하고 백성의 평가를 좋게 받아야 승진을 할 수 있었다. 이때의 평가는 청백리로 적합한 자인가를 심사하는 데에도 결정적인 영향을 주었다. 특히 치인(治人)의 단계에서 '선정(善政)'하였는지, 왕조 체제에는 얼마나 '충성(忠誠)'하였는지, 마지막으로 준법(遵法)을 얼마나 효율적으로 지켰는지를 평가한 것이다. 조정의 명을 그 지방에서 얼마나 철저하게 집행하였는지도 보았다.

그것이 지방 수령들의 평가표이다. 이는 그때그때 다르게 적용하는 경우는 없다. 지방행정의 실적을 평가하는 방법은 이미 조선조 519년 동안 한결같이 동일하고 엄격하게 전수되어 내려왔으며, 지방 관리들은 이를 준수하였다. 그 방법이 바로 전통 있는 '수령칠사(守令七事)'이다.

한 TV 드라마에서 왕과 오랫동안 지방의 관찰사로 나갔다가 다시 조정에 불려 올라온 인물의 대화 장면을 본 적이 있다. 국왕이 의례 "경은 수령칠사를 늘 유념하였던가? 잊지나 않았는가?"하고 다정하게 물으면 신하는 "전하! 어찌 그것을 잊겠습니까?"하고 대답하는 장면이었다. 과연 오늘날 정부 인사위원회는 이토록 전통 있는 지방행정 평가를 알고 있을까?

다른 나라의 어느 대학에서 지방자치를 전공하고 오더라도, 몇 백 년간 지켜온 우리의 500년 내려온 '수령칠사'의 기준보다 나은 것을 만들 수 없을 것이다. 오늘날 우리의 감사원 감사도 회계감사의 유치한 단계에 머물고 있는 것이다. 그러면 과연 수령칠사는 어떠한 내용인가? 사실상 수령칠사는 시대와 범주를 뛰어넘어 지방행정뿐만 아니라 기업 경영 평가에도 적용해 볼 수 있다. 한 고을을 치세로 다스리는 것과 기업을 원만하게 운영하는 것은 거의 같다. 다음에 수령칠사의 내용과 기업 경영에서 어떻게 점검할 수 있는지를 확인해 보자.

첫째로, "농상 성(農桑 盛)"이다. 이는 지방 수령의 재임 기간에 농사가 번성하고 뽕나무가 무성하게 자랐던가를 묻는 것이다.

즉 풍년이 들었는가? 비는 많이 내렸는가? 비가 안 오면 수령의 박덕함을 기우제로 빌어야 한다. 이 덕목은 경영의 모든 영역에 평가항목으로 적용된다. 생산을 얼마나 증가시켰으며, 그 생산물을 판매하여 이익을 올릴 수 있는 시장을 개척하였느냐?

둘째로, "호구 증(戶口 增)"이다. 그 지방의 인구가 재임 중에 얼마나 증가하였는가를 보는 것이다. 또한 백성이 수령을 얼마나 잘 따르고 있는지도 기준이 된다. 왜 못 살겠다고 백성이 떠나는가? 아니면 왜 이곳을 살기 좋다고 여겨 백성이 몰리는가? 기업의 경우라면 얼마나 고용을 증대시키고 규모를 늘렸는가를 평가할 수 있다.

셋째로, "학교 흥(學敎 興)"이다. 고을의 백성을 얼마나 잘 교육·교화하였는지를 본 것이다. 향교 또는 서당을 부흥시켜 교육을 독려하고 인재를 얼마나 배출하였는지 또한 지방을 다스리는 자를 평가하는 기준이었다. 그 고을에서는 몇 사람이나 과거에 등과하였는가? 이를 기업에 적용한다면 사원교육과 인재양성에 얼마나 힘썼는가를 확인하는 것이다.

넷째로, "군정 수(軍政 修)"이다. 지경(地境)을 안정시키고 지역 내 질서를 확립하였는가의 기준이다. 관기의 확립으로 권위를 세우고 내외의 안정을 도모하였는가? 오늘날 기업에서도 조직 기강 해이는 경계 대상이며 리스크 관리와 안정화 대책 강구는 중요하게 여겨지는 부분이다.

다섯째로, "부역 균(賦役 均)"이다. 지방행정을 하면서 과연 공평하게 업무를 분장하고 효율적으로 행정을 하였던가? 요샛말로 업무 분장을 공정히 하여 화목하게 업적을 증가시켰는가를 보았던 것이다. 기업에서도 똑같이 적용할 수 있다. 더 나아가 기업의 혁신으로 효율을 성취했느냐까지도 평가 기준이 될 수 있다.

여섯째로, "사송 간(詞訟 簡)"이다. 백성 간 갈등에 개입함에 있어 공정성과 신속성을 본 것이다. 민원 갈등을 얼마나 신속하고 간단히 해결하여 주었던가? 백성 간에 분쟁이 일어나고 재판이 걸려 있을 때 시간을 끌지 않고 사심 없이 판결하여 주었던가? 편파적인 이권 개입은 없었던가? 기업에는 기업분쟁이나 노사문제를 처리함에 있어 효율성을 판단할 수 있을 것이다.

일곱째로, "교활 식(狡猾 息)"이다. 이는 도덕과 윤리에 대한 것이다. 교활한 범죄들을 종식시켰던가? 오늘날의 정경유착(政經癒着)이나 비리 척결은 잘 되었던가? 등부터 왜 그 고을에 이혼율이 많은가? 미풍양속(美風良俗)을 얼마나 창달시켰는가? 등의 사회 문제를 심사하는 것이다. 기업의 경우에는 기업윤리를 얼마나 잘 지켰는지를 평가할 수 있다.

이상 지방수령 평가표인 수령칠사의 7개 조항을 살펴보았다. 이 기준을 얼마나 충족하였는지를 통해 훗날의 재상감을 길러내었다. 그리고 청백리를 뽑을 때 이 수령칠사와 수기치인 팔덕목을 합하여 모두 15개 조항을 엄격하게 심사하는 것이다. 참으로 이런 절차를 통한 인재 양성이 있었기에 조선조는

519년 27대를 유지하는 동안 질서와 안정이 보장되었던 것이며 또한 발전하여 왔다.

사대부의 멋

아주 먼 옛날, 오늘날 우리가 부러워하는 그 시대의 조정(朝廷)에는 훌륭한 어른들이 수없이 많이 계셨다. 그때 조정 사대부들의 긴장된 생활철학은 더욱 그들을 돋보이게 한다. 그러나 사실 그것은 남의 것이 아닌 우리의 역사이고 우리의 전통이다. 그런데 요사이 우리나라 정치판에서 일어나는 사건들을 보자니, 사대부 어른들의 선비정신은 온데간데없다. 우리 전통의 선비사회와 너무나 거리가 멀어져 가고 있다. 사건이 일어나는 그때그때마다 우리는 참 놀라고 기가 막힌다. 삶의 멋을 잃게 된다. 이럴 때 필요한 무슨 좋은 이야깃거리는 없을까?

옛날 조선 순조(純祖) 때 연안 김씨 문중에 김재찬(金載瓚)이란 인물이 있었다. 김재찬은 순조를 주상으로 모시며 그 유명한 홍경래(洪景來)의 난을 평정한 재상이었다. 그는 문충공 김재찬으로 후대에도 존경을 받고 있다. 정조(正祖) 대에 영의정을 지낸 문정공 김익(金熤)의 아들로서 그의 집안은 대대로 내려오는 전형적인 사대부 집안이었다. 그러나 사대부 집안이라는 이름과 배경만으로는 그 명성과 권세가 이어지는 것은 아니었다. 집안의 전통을 잇고 당당히 과거에 급제할 수 있도록 면학에 전념을 다했다.

그는 일찍이 선비 수양에서 급제하여 사대부가 되어 주서(注書)라는 벼슬자리를 받았다. 어느 날은 입시번(入侍番)이 되어 밤에 어전에 나갔다. 오늘날 같으면 청와대에서 야간근무를 하고 있었던 것이다. 그때 우연히 국왕께서 그를 알아보시더니 그 옛날 그의 부친인 노 재상 문정공 김익의 동정이 궁금하여 물으셨다. 주서 김재찬은 황공하여 답하길 "신부(臣父)가 연로하므로 병이 잦아 기력이 없사옵니다"라고 아뢰었다.

그랬더니 왕은 깊숙이 넣어 둔 산삼(山蔘) 세 뿌리를 그에게 하사하시면서 이것을 가져다가 부친의 병을 고치라고 하셨다. 오늘날 청와대에서 나오는 기념품보다는 더욱 각별한 가문의 영광이다. 재찬은 천은이 망극하여 주상께 엎드려 백배 감사를 올리고 가뿐가뿐 집에 돌아와서 늙으신 아버님께 왕의 말씀을 그대로 전하고 산삼을 올렸다. 그러면 아버지께서 얼마나 기뻐하실까? 황공하여 절이라도 올리실 줄 알았다. 그런데 그 부친은 이야기를 전해 듣고는 깊은 한숨을 짓더니 아들을 엄하게 나무랐다.

"너 같은 놈들이 왕의 좌우에서 왕을 모시고 있으니 나랏일을 가히 알 수가 있다. 참으로 한심스럽다. 또한, 나라와 임금도 대신(大臣)을 예우하는 법도는 원칙적으로 '사은(私恩)'이어서는 아니 된다. 임금께서 산삼을 내리시려 하거든 마땅히 사관(史官) 앞에서 정정당당하게 선유(宣諭, explain the reason)를 한 후에 내리시는 것이 국가의 대신을 예우하는 상례로 되어 있거늘 어찌하여 야밤중에 그 자식을 불러 남모르게 내리신단 말이냐? 누가 그 옆에 있었느냐? 네가 사람 같은 놈이라면 마땅히 그 사유를 들어서 규정에 어긋났다고 규간(規諫)[1]하여 정당한 길을 밟으시도록 인도할 것이지 어찌하여 아무 분별도 없이 주시는 것만 감사히 여겨 덥석 받아 가지고 왔으니 한심스러운 일이 아니냐? 빨리 도로 갖다 바쳐라."

재찬은 부친의 책을 당하고, 어쩔 줄을 몰라 산삼을 도로 가져다가 어전에 바치고 부친의 말을 전해 올리니 왕 또한 자신의 실수를 깨달았다. 그리하여 교유(敎諭)[2]를 내리어 사관으로 하여금 그대로 직필(直筆)하게 한 후에 그 산삼을 전달하게 하였다. 사사롭게 안부를 묻는 일이더라도 정직하게 양심을 지키는 대신과 나라님의 모습…. 참으로 대단했다. 오늘날 들어도 속이 시원해지는 이야기이다.

그런데 요새 우리 사회는 어떤가? 오늘밤에도 어느 호텔의 밀실에서 돈을 주고받고 거짓말을 식은 죽 먹듯이 하고 있지 않은가? 사관도 없는 밀실에서 정치가 제멋대로 성행한다. 정도

---

1 옳은 도리나 이치로써 웃어른이나 왕의 잘못을 고치도록 말함.
2 가르치고 타이름.

를 지키는 공무원은커녕 함량 미달의 정치꾼들이 검증도 없이
몰려 들어오고 있다. 수기치인(修己治人)의 사대부가 아니다. 정
치부패에서 벗어나 선비정치를 지향해야 하는 까닭이 여기에
있다.

  '공명정대 청렴결백'을 선비정치로 이념화하자는 창경궁의
명정문(明政門)이 우리를 부르고 있다.

제3부

선비, 21세기에 당도하다

지금, 모두를 위한 선비정신

우리 역사 속에서는 300년마다 민족문화의 전성기가 부흥된다는 가설은 설득력이 있다. 근세사에서 15세기는 조선조 세종대왕의 전성기이다. 그리고 18세기의 영조·정조 시대에 우리의 문화가 꽃을 피웠다. 과연 그 후 300년, 21세기가 우리의 선비정신으로 부흥이 될까?

1395년 이성계 장군이 역성혁명을 일으키고, 조선조가 서고, 태종을 거쳐 바로 25년 만에 세종대왕이 수강궁(壽康宮, 지금의 창경궁)에서 22세로 즉위하여 32년 동안 통치할 때 그 비전과 용기는 대단했다. 경복궁 앞의 정문은 원래 사정문(四正門)이라 불렸는데 당시 집현전(集賢殿) 학자들의 건의를 받아들여 광화문(光化門)으로 이름을 고쳤다. 광피사표(光被四表), 우리의 빛으로 나라 밖 사방을 덮고 화급망방(化及萬方), 그 빛으로 세상만방을 변하게 하자. 이 두 문장의 첫 글자를 따 광화문이 된 것이다.

세종대왕은 문무겸전의 치세로 한글을 창제하여 문화적 주체성을 권장하면서 육진(六鎭)을 평정한 김종서 장군, 대마도 원정의 이종무 제독 그리고 서북을 정복한 최윤덕 장군의 업적으로 오늘날의 국토를 만들었다. 그리하여 마지막 1년 국경을 평정하시고 평화롭게 돌아가실 때 유언으로 "압록강 두만강은 나의 생명선이니 굳건히 지켜야 한다"고 하셨다고 한다. 훌륭한 학자이며 동시에 훌륭한 전쟁 지도자였던 세종대왕은 31년 동안 산업과 농업을 일으켰고, 50만 석의 군량미 생산을 위해 농업 기술 발달에도 힘썼다. 측우기도 강우를 예측해 경작을 돕기 위한 위대한 발명이었다.

그리고 치세를 도모하기 위해 민심을 살피는 데에도 적극적이었다. 세제(稅制)를 개혁하는 데도 백성의 여론을 물었다. 17만 장의 붓글씨 설문을 두 번이나 받아서 그 제도에 찬성하는 고을에서부터 점진적으로 시행하여 세제를 확립해 나갔다. 요즘의 설문조사보다도 진지하였던 것이다. 또한 참다운 민본주의의 정치를 지향하여 황희 정승과 함께 백성이 싫어하는 정책은 피했다고 한다.

그뿐만 아니라 문정전(文政殿)의 어전회의에서도 사관(史官)의 직필(直筆)제도를 확립하여 역대 국왕의 치세 성적표를 만들어 그 유명한 『조선왕조실록(朝鮮王朝實錄)』 간행의 전통이 이어지게 하였다. 나아가 보존의 중요성을 인지하고 복사본을 더 간행하여 각각 서고를 나누어 보관하였다.

언관(言官)의 직간(直諫)으로 왕권을 견제하여 조선조가 519년 27대의 정권을 유지한 기록 역시 대단하다. 그 제도가 세종조에서부터 내려왔다. 총검을 앞세운 압제만으로 그 긴 세월 동안 체제를 유지할 수 있을까? 실제로 조선조에는 맹자의 역성 혁명론을 근거로 하여 두 번이나 반정이 있었다. 15세기 세종조 선비들에 의한 사대부의 법제사는 바로 세계적이면서도 세련된 것이었다.

그 후 3세기가 흘러 18세기에는 영조 52년 그리고 정조 25년 의 문화적 전성기를 이룩했다. 창경궁의 숭문당(崇文堂)은 학문 을 숭상한다는 뜻으로, 경연(經筵)이 열리는 곳이었다. 영조는 이곳을 특히나 아꼈는데, 숭문당의 현판은 바로 영조대왕의 친 필이다. 인재들을 숭문당에 불러 직접 소통하였으며 어전 세미 나인 경연을 무려 5,400번 하였다는 기록이 오늘날 규장각(奎章 閣)에 남아 있다고 한다.

영조대왕은 특히 『소학(小學)』을 애독하셨다고 한다. 그리고 친히 자신이 공부했던 『소학』 연구를 집대성하여 『어제소학지 남(御製小學指南)』이라는 지침서를 집필하였다. 그리고 사도세 자를 거쳐 정조에 이르기까지 17년을 전수했다고 한다. 그래서 그 당시 사회 진출을 하려면 『소학』을 빈틈없이 공부해야 했다. 백성에 대하여 "아침에 일어나 부모에 절하고, 물 뿌리며 청소 하고 손님 응대를 잘해야 한다"는 기본 교육이 철저했던 것이 다. 그래서 그 당시 국력은 약하지만, 동방예의지국(東方禮義之 國)의 기초를 쌓았던 것이다.

그리고 오늘날 청계천의 정리도 그때 하셨고, 문화적으로는

소화주의(小華主義)로 명나라 중화문화의 주류를 조선조가 이어
받는 긍지도 살리되, 진경산수(眞景山水)를 그려 중국 화법에서
벗어나 우리의 독창성을 만들었다. 그리고 정조대왕은 규장각
문화를 일으키고 장용영(壯勇營)의 군사력으로 주권을 확립하였
다. 그리고 과학적이고 정밀한 방법과 기술을 사용하여 그 유명
한 수원성을 창건하여 오늘날 세계적 유산을 남겼다. 그리하여
16세기의 임진왜란과 17세기의 병자호란의 처참한 피해를 복
구시켰다.

그러나 1800년, 조선의 정조가 돌아가신 후에 우리 민족은
서구 열강들의 서세동점(西勢東漸)[1]의 세력을 막지 못했고 용렬
한 국왕과 세도정치에 멍이 든 한반도는 청·러·일의 전쟁터가
되고 1910년에는 일본의 식민지가 되었다. 그 후 해방을 맞았지
만 6.25전쟁으로 국토는 양단되어 북에는 왕조가 들어서고 남
한은 IMF로 파산에까지 이를 뻔하였다. 그러나 우리에게는 또
다시 300년만의 전성기가 왔다. 때마침 이념과 냉전의 시대는
가고 우리의 전통과 문화의 시대를 맞이하고 있다. 월드컵이나
올림픽 같은 국제적인 대회에서도 선전하고, 세계 10대 무역국
에 이름을 올리게도 됐다. 우리의 교육열, 가족주의, 업적주의와
신바람은 우리의 국가경쟁력을 세계적으로 더욱 높이고 있다.
하지만 그동안 우리 민족은 우리의 전통문화와는 단절되었다.

---

1   서양이 동양을 지배한다는 뜻으로, 밀려드는 외세와 열강을 이르는 말.

이제 18세기까지 찬란했던 그 가까운 문화와 생활을 오늘에 되살려서 우리의 생활양식을 미래에 투사할 수 있어야 할 때이다.

이를 위해서는 21세기의 선비정신이 되살아나야 하고 한민족의 동질성을 되찾아야 할 것이다. 우리의 몸에는 이미 항상 선비정신이 뼛속에 저며 있다. 그것을 계발하고 우리 것으로 만드는데 21세기 선비정신의 비전이 있다.

선비시민 만들기

이제 우리는 전통과 문화의 시대에서 새살림을 살아야 할 때가 오고 있다. 우리 민족의 피와 살 속에 문화인자(文化因子)로서 깊숙하게 남아 있는 정통적 가치관과 우리 민족의 참다운 정체성(正體性)을 실체적으로 파악하여 자랑스러운 질서와 행복을 재창조하여 누려야 할 때가 왔다. 지난 200년, 19세기와 20세기는 참으로 긴긴 어둠의 터널이었고 치욕의 행로였다.

그동안 서구 문명의 타율과 이념과 냉전 속에서 아직도 우리는 민족적인 분단의 '비애'와 가난의 '고통'을 해결치 못하고 새로운 21세기인 2000년대를 맞이했다. 우리는 새로운 세기를 맞이하여 이 민족적 과제들을 우리의 '선비정신'으로 극복해 보자는 것이다.

우리 민족은 300년마다 운이 트고, 문화 부흥이 일어난다고 한다. 600년 전 15세기 세종문화, 그것은 문정위민(文政爲民)의 명정이념(明政理念)으로 국위를 선양했다. 그 후 300년이 지난 18세기에는 찬란한 영조·정조의 문화중심국(文化中心國)의 확고한 신념과 자부심이 있었다. 이러한 동방의 문화대국 창조의 주도세력은 바로 그 시대의 선비들이었고 그들은 고유한 선비 사회를 이룩하여 세계 어디에서도 흔히 찾아볼 수 없는 고유한 선비문화를 역사에 남겼다. 그들은 바로 오늘날 우리의 현대와 가장 가까운 참다운 전통시대의 지식인들이다.

　그들의 사회적 기능은 유별났다. 오늘날 G7 선진국의 국제적 신뢰를 담보하고 있는 영국의 신사도(Gentlemanship)나, 독일의 융커(Junker) 정신, 미국적 청교도주의(Puritanism) 그리고 일본의 사무라이(武士) 정신보다도 우리의 선비정신은 문화대국을 세우고 뿌리내린 핵심세력으로서 생동력이 넘쳐 흘렀으며 그 역사도 훨씬 깊다. 또한 우리나라의 선비는 중국 역사의 문사(文士)보다도 국가의 구성원으로서 그 역할이 컸으며 더 당당하고 주체적이었다. 이 점이 유럽의 지식인과 다른 점이다. 전통시대 유럽에서 그들은 절대권력 아래의 기능인으로서 존재했으며 무력했고 이따금 냉소적인 비판을 하는 역할에 그쳤다.

　선비정신은 그렇게 오래도록 유지되어 내려왔으며 여전히 우리 핏속에 흐르고 있다. 그러나 그렇게 한결같이 우리 몸 안에 내재되어 있는 선비정신과 오늘날 현대의 지식인상을 비교하면 웬일인지 마음속에서 참담한 패배감이 느껴진다. 오늘날 현대의 지식인인 나는 왜 이렇게 무력감을 느끼고 자기모멸에 사로잡혀 있는가? '나는 우리나라의 지식인으로서 과연 그 책무를 다하고 있는가? 우리 문화에 대한 자부심을 상실한 채로 외국

문화의 수입상으로 전락한 것은 아닌가?'라는 질문을 나 자신에게 냉소적으로 묻는 때가 있다. 어쩌면 이는 오늘날 이 나라 지식인들의 공통의 고민일 것이다.

때마침 오늘날 우리 정부는 '신지식인'의 등장을 호소하고 있다. 각계각층에서 민주주의와 자유경제의 번영을 위하여 다양한 인재를 부르고 있다. 고정관념과 전통적인 제도에서 벗어나 폭넓게 세계화된 유능한 인재를 받아들이고 있다. 효율적인 정보처리 능력을 높이고, 기성의 단일 민족으로서의 편협한 문화 배경을 과감하게 타파하면서 과감한 인재를 널리 충원한다는 것이다. 우리는 바로 그들이야말로 이 시대의 새로운 '선비정신을 가진 신지식인'이 되어야 한다고 생각한다. 그런 것이 바로 선비의 역할이었다.

새로운 '선비정신을 가진 신지식인'이 되자는 것은, 갑자기 18세기로 다시 복귀하자는 것이 아니다. 그 시대를 리드한 지성인이었던 선비의 긍지와 역할과 사명감을 오늘에 되살려야 진정한 문화 부흥을 이룬다는 것이다. 참으로 미래지향적인 선비정신과 교양과 책임의식이 필요하다. 우리 조상의 수기치인의 덕목과 지식인 지도자의 사명감이 오늘의 신지식인 속에 내면화되어야 할 것이다. 그래야 미래지향적인 원동력을 기르고 온 국민에게 환호성을 받고 나아가게 될 것이다. 그리하여 신지식인들의 선비사회를 21세기에 창조하길 바란다.

"여러분! 우리는 오늘날 민족적 '비애'와 민족적 '고통'을 해결하기 위하여 대한민국을 세웠습니다…." 이 말씀은 유석 조병옥 박사가 6.25동란 바로 한 달 전 5.30선거 때 남북협상파였던 조소앙 선생과의 대결에서 마지막으로 국민에게 호소한 연설이었으나 크게 낙선했다. 반면 조소앙 선생은 최다득표로 당선은 됐으나 한 달도 못 되어 제일 먼저 인민군의 '모셔가기'로 납북되었다. 참으로 비통한 우리 정치사의 한 토막이다. 그러나 그때 두 분에게는 선비 지도자다운 감동이 있었다.

그 후 50년! 우리는 아직도 그 분단의 비애와 숙명적인 빈곤의 고통 속에서 헤어나지 못하고 있다. 북한은 주체성만을 따지면서 최빈국으로 전락하고 남한은 향방 없는 물질만능의 근대화로 결국은 IMF에 종속된 빚진 죄인의 나라가 되었다. 생각하면 해방 후 우리 운명은 외세에 의해 타율적으로 좌지우지되었으나, 오늘날의 사태는 바로 우리가 스스로 불러들인 민족적인 재앙이다.

그것은 지난 반세기 동안 우리 민족의 각계각층 지도자들이 선비답지 못했기 때문이다. 분수없이 빚지고 권력만을 추구해 왔다. 자격 없는 자들이 파렴치하게 자리만 차지하고 대우만 올려 달라고 했다. 그리고 교만 불손하여 국제적으로 신뢰를 잃었다. 돈과 권력과 종교와 성욕 등을 한탕에 독차지하려고 했다. 절도는 없고 탐욕만 있었다. 모두가 다 비(非)선비적이었다.

그러나 우리 마음속에는 이미 항상 누구나 수백 년 몸속에 배여 있는 선비정신이 살아 있다. 그 비위에 거슬린 오늘의 사태가 국민을 행복하지 못하게 한다. 이제 냉전의 시대가 가고 우리 문화 속에서 선비의 생활양식을 되찾아야 할 때가 왔다 그 교훈은 바로 가까이 우리 화폐 속에 살아 있지 않은가? 만 원에 세종대왕, 오천 원에 율곡, 천 원에 퇴계 그리고 백 원 동 전에는 충무공이 새겨져 있다. 화폐에 새겨 간직하고자 했던 이 민족적인 선비 성현의 정신을 소홀히 했기 때문에 IMF의 통치를 받게 됐다.

미국에도 남북대결의 시대가 있었다. 남북전쟁이 심각하게 전개될 무렵인 1861년 혼돈의 전쟁터에서 링컨 대통령은 그들 의 달러 속에 "IN GOD, WE TRUST(주여 우리는 믿는다)"라는 문구를 새겨 넣었다. 무력보다 신뢰가 중요하다는 것이다. 바로 그 달러 위에 오늘날의 미국이 있지 않은가? 우리도 다시 한번 원화 속의 선비 교훈으로 난국을 극복해야 할 것이다.

세종대왕의 교훈은 바로 대통령과 청와대를 비추고 있다. 그 분은 절대권력자이기 이전에 선비였다. 경회루(慶會樓) 옆의 초 가삼간에서 수기치인의 수련을 3년 하면서 국민의 고통을 나누 었다. IMF보다 더 혹독했을 당시의 7년 흉년을 몸소 극복했다. 그렇게 조정 대신들, 오늘날 청와대에 있는 선비들에게 민본주 의 정치의 준엄한 모범을 보였다. 32년 동안 나라를 다스리면서 50가지 병고에 시달렸음에도 위대한 업적만을 남겼고 또한 어 떠한 불평도 변명도 하지 않았다. 우리도 이제 그 정신을 되살려 민주 선비의 '후광정치'를 창조해야 할 것이다.

율곡은 구도장원(九度壯元)의 수재였다. 아홉 번의 국가시험에서 최고 득점을 했다. 오늘날 재경원, 기획재정부 등의 뛰어난 공무원보다 여러모로 월등했지만 그분은 언제나 입지자경(立志自警, 뜻을 세우고 스스로 경계함)으로 방심하지 않았다. 그 어지러운 당쟁 속에서도 10만 양병설을 주장했던 비전과 용기도 대단했다. 이에 비하면 IMF 사태를 맞기 며칠 전까지도 우리의 경제 기초가 강해서 문제없다고 했던 우리 공무원의 생각이 부끄럽다. "청백하니 임무에 밝고(淸生明) 청렴하니 위엄이 섰다(廉生威)." 오늘날 우리 공무원의 신뢰는 이렇게 다시 쌓아 올려야 한다.

퇴계는 열한 번 낙향하여 학문과 인재 양성에 헌신한 선비 교육자이시다. 관직이 끝나면 자신의 사회적·경제적 기반이 있는 고향으로 미련 없이 낙향하는 모범을 보였다. 그리고 영남학파에서 서애 류성룡을 배출하여 7년 동안 임진왜란을 지도하였다. 훗날 서애도 관직에서 물러나 낙향하여 『징비록』을 쓰고 있는데 선조가 양식을 내리니 그는 "무노동 무임금"을 주장하면서 거절했다. 모순적이게도 퇴계학은 일본 국민교육의 근본이 되어 일본을 선진국으로 만들었으나 우리는 우리와 맞지 않는 비선비적인 서양 문명에 빠져 IMF 합방국이 됐다.

이와 같이 우리의 선비정신은 각계각층에 절실해졌다. 제2의 건국도 결국은 선비정신의 국민적 선양이다. 오늘날 사회 전체가 비선비적인 분위기에 체온이 식어 가고 있다. 한즉기(寒則棄)

이다. 체온이 사라지는 것은 곧 죽는 것이다. 식으면 곧 버리게 되어 있다. 우리의 국회가 이미 한강 하류로 떠내려가고 있는 석조의 상여가 되고 있지 않는가? 민위중(民爲重)하다. 국민을 중히 여기고 무서워할 줄 아는 선비정치가가 나와야 할 것이다.

우리 민족은 21세기야말로 세계적으로 보편화된 선비문화로 또다시 동방예의지국이 되기 위해, 또다시 "동방의 등불"이 되기 위해 하루빨리 위대한 선비사회를 창건해야 할 것이다.

선비의 자기계발, 수기치인

　조선조 519년 27대를 이끌어 온 그 정치가들은 어떤 인물인가? 그 자격은 무엇이었으며 어떤 능력을 갖추었던가? 그들의 가치관은 무엇인가? 오늘날 우리 21세기 한국을 선도하는 인재들의 사고방식에는 무슨 차이가 있는가? 충원 과정과 방식은 어떻게 다른가? 오늘날에도 국가공무원의 평가에서 최고의 평판은 역시 "그는 선비다웠다"이다. 그만큼 우리가 민족의 지도적 위치에 있는 사람들을 평가하는 기준은 과거의 시각에서 크게 벗어나지 못했다. 오늘날 최고라고 여겨지는 서구의 제도와는 비록 큰 차이가 있지만, 선비의 정신과 가치관이 그대로 내려오고 있다는 사실이 우리에게 시사하는 바는 결코 부정적이지 않다.

　조선 시대에는 옛 창경궁 내 문정전(文政殿)에서 인재를 평가하고 청백리(淸白吏)를 녹선(錄選)[1]하였다. 선비로서 그리고 사

1　벼슬 따위에 추천하여 관리로 뽑음.

대부로서 얼마나 수양을 쌓았으며, 국가공무원으로서 어떤 업적을 내었으며, 유년 시절부터 지금까지의 행실뿐만 아니라 후세에는 어떠한 모범이 될 수 있는가를 모조리 심사하고 평가하여 만장일치가 되어야 청백리로 낙점될 수 있었다. 당시 선비 사대부의 사명 중 하나는 '청백리 가문'의 이름을 후손에게 남겨주는 것이었다. 그 엄격한 청백리 심사를 통과한 인물은 조선조 519년 동안 218명뿐이었다.

그중에서 선조 25년, 건국 이래 200년 동안 녹선된 자가 156명이었다. 그 후 300년 동안 청백리는 그 1/3인 52명뿐이었던 것이다. 참으로 초기 200년 동안은 국가공무원으로서 청백하게 살려고 서로 경쟁이라도 했던 시대였다. 그 일화들은 아직도 마치 신화처럼 내려오고 있다. 특히 주목할 것은 중앙의 부서 중에서 가장 많이 청백리를 배출한 곳이 호조(戶曹)였다는 것이다. 오늘날의 재무부이다. 그때도 IMF와 같은 국가부도의 경제 위기가 있었을까? 그다음이 공조(工曹), 건설부이다. 부실공사가 없었으며 산업과 토건이 튼튼했다. 그리고 셋째가 형조(刑曹), 오늘날의 법무부이다. 그때는 오늘날 같은 부정한 사건은 없었다. 오늘날 현대인 중에서 이 세 부처에 한때라도 불신을 가지지 않은 사람이 있을까? 그러나 조선조는 달랐다. 그래서 체제가 유지되었다.

그렇다면 청백리를 가려 뽑는 심사 기준은 무엇이었나? 바로 '수기치인(修己治人) 팔덕목(八德目)'이다. 특히 수기(修己)의 오덕목(五德目)이 근본이었다. 선비로서 사대부가 되기 위해 마땅히 구비해야 할 다섯 가지 수도(修道)를 얼마나 닦아 왔는지 일생의 기록을 통해 심의하였다. 이 덕목은 오늘날 우리 국민의 수양덕목이 되어야 할 것이고 자라나는 새싹들의 윤리교육이 되어야 할 것이다.

첫째가 청백(淸白)이다. 공인으로서 청렴결백했느냐는 것이다. 황희 정승은 육조판서에 영의정 18년을 지내 64년간 벼슬을 하였음에도 집 한 칸이 변변치 못했다. "천하지대고(天下之大賈)는 대탐필렴(大貪必廉)"이다. 즉, 세상에서 가장 큰 장사는 청렴을 탐내는 것이다. 오늘날의 "정치 장사"를 우습게 보고 청사에 길이 남으려는 가치관이다. 청백리의 48%는 청백한 공인들이다.

둘째가 근검(勤儉)이다. 경복궁의 근정전(勤政殿)만 보아도 정치에 있어서 나태와 교만과 무식을 경계하고 있다. "성실과 근면이 바로 보배니라"의 성근시보(誠勤是寶) 신조를 강조했다. 정조대왕도 날마다 면학에 힘썼고 '하루 두 끼'의 소박한 생활을 하셨다고 한다. 뿐만 아니라 질박(質朴)한 궁전을 유지했다. 이승만 대통령도 "선비가 벼슬하는 동안은 집에 색을 칠하지 않는다"고 했다.

셋째가 후덕(厚德)이다. '후덕'은 우리 민족의 토속문화인 기복종교(祈福宗敎)에서 나온 표현이다. 죽어서 상여 타고 산으로 향할 때 망자는 요령잡이의 '후덕의 심판'을 받는다. 첫째로 "배고픈 이에게 밥을 주워 활인(活人)의 공덕을 하였는가?" 둘째로 "헐벗은 이에게 옷을 주워 구난(救難)의 공덕을 하였는가?" 셋째로 "집 없는 이에게 행인(行人) 공덕을 하였는가?" 청백리가 받는 질문은 다음과 같은 것이다. 후덕한 정치로 얼마나 백성을 사랑하고 멸사봉공(滅私奉公)하였는가?

넷째가 경효(敬孝)이다. 가정의 상경하애(上敬下愛)로 모범적인 가통(家統)을 지켜왔는가? 곧 수신제가(修身齊家)를 봤다. 오늘날에도 세계적으로 모범적인 가족주의(家族主義) 전통을 유지하고 있다. 세계적인 스위스 금융그룹인 UBS는 21세기에는 한국의 국가경쟁력이 세계 최고가 될 것이며, 뉴욕의 주가를 자극시키는 요인이 된다고 발표했다. 그 이유는 한국은 교육열이 강하고 가족주의가 뿌리 깊고, 제도적 집단(공무원, 기업 등)이 경쟁력 있고 신바람 나면 말릴 수 없는 민족이기 때문이라고 발표되었다.

다섯째가 인의(仁義)이다. 정의와 사랑의 길로 떳떳하게 나가자는 것이다. 안중근 의사의 살신성인(殺身成仁)과 견리사의(見利思義) 신조는 국가와 사회에 대한 헌신적인 봉사 정신을 표현한다. 이는 국가와 사회에 모든 것을 다 바쳐서 최선을 다했는가를 보는 덕목으로 이미 우리들의 몸속에 배어있다.

이상으로 얼마나 인간적으로 수양이 되었는가를 평가하는 다섯 가지 심사 기준인 수기 오덕목을 보았다. 이것이 기본이다. 그 기반 위에서 백성을 다스리는 치인(治人)의 삼덕목(三德目)을 추가하여, 여섯째로 얼마나 선정(善政)을 베풀었느냐? 일곱째로 얼마나 이 체제에 충성(忠誠)을 다했는가? 그리고 여덟 번째로 얼마나 나라의 법과 정책을 잘 수행했나를 보는 준법(遵法)을 심사했다.

　이러한 수기 오덕목과 치인 삼덕목을 합쳐서 '수기치인 팔덕목'을 심사하여 문정전 어전회의에서 만장일치의 승인을 받아야 청백리로 녹선되었다. 그리하여 500여 년간 내려오는 동안에 이 덕목은 우리 사회의 뿌리 깊은 공인의 규범으로 발전하여 왔다. 그리고 전국 곳곳에 청백리와 그 가정을 높이 여기는 사회문화를 뿌리내리고 확산시켜 왔다. 이는 우리의 자랑스러운 전통이다. 이것이 어찌 옛날이야기인가? 오늘날에 우리 사회가 복구하여야 하는 가치관이고 이념이고 선비의 지성인 것이다.

선비의 얼굴, 구용

한국에서 처음으로 미인 선발 대회가 열렸을 때 온 국민이 놀랐다. 다 큰 처녀들이 갑자기 벌거벗고 수영복 차림으로 어른과 아이 할 것 없이 남녀 관중 앞에서 웃으면서 걸을 때, 마치 천지가 개벽하는 줄 알았다. 이것이 문화 해방인가? 적어도 600년 이상 이어져 온 우리 전통과 풍습에서 혁명이 일어나기 시작했다. 그러나 외모를 기준으로 하여 자세와 용모를 공개적으로 드러내놓고 평가를 한다는데, 사람들은 그 기준에 관심이 갈 수밖에 없었다.

오늘날에는 대학의 필기시험 같은 객관적인 서류 속의 점수보다는 오히려 직접 만나보고 그 인품을 살핀 후에 인재를 선발하려는 의욕이 강해졌다. 큰 기업에서도 신입사원을 뽑을 때 면접을 통해 지원자의 자세와 매너를 보는 것이 너무나 당연한 일이 되었다. 이제는 사람을 대면하여 평가하는 데 있어 그 평가와 심사 지표가 헤아릴 수 없이 많고 세분화되었다.

그렇지만 그 심사 기준에는 역시 만고불변의 원칙이 있다.

그것이 바로 선비의 구용(九容) 모습이다. 과거에도 선비라면 마땅히 갖추어야 할 용모와 자세 그리고 행동거지에 관심을 두었다. 그리고 그 기준은 국제적인 보편성을 간직하고 있다. 무릇 선비가 갖춰야 할 아홉 가지 모습은 다음과 같다.

첫째로 족용필중(足容必重)이다. 걸어서 들어오는 모습이다. 반듯하고 정중하며 무거워야 한다. 건들거리면 믿음이 안 가고, 총총걸음도 경망스럽다. 발을 두는 모양도 중요하다.

둘째로 수용필공(手容必恭)이다. 손의 모습과 손을 두는 자세가 자연스럽고 공손해야 선비이다. 이는 선비의 자연스러운 몸가짐이다. 그래서 왕의 앞에서는 손을 가리고 예(禮)의 언행을 하고 있다.

셋째로 목용필단(目容必端)이다. 눈은 언제나 반듯하고, 단정해야 한다. 눈을 돌리고 곁눈질하고 내숭을 떠는 듯한 모습엔 불신이 간다. 쌍꺼풀이 있는 것보다는 온화한 눈매가 매력 있다.

넷째로 구용필지(口容必止)이다. 입은 반드시 다물어야 한다. 선비들은 한마디 하고 반드시 입을 닫는 것이 의식적이었다. 그렇게 입은 듬직하여야 한다. 말을 많이 하는 뉴스 진행자 등을 보아도 말이 끝나면 입을 다문다. 신뢰를 주는 모습이다.

다섯째로 성용필정(聲容必靜)이다. 목소리는 반드시 고요해야 한다. 말하는 목소리와 분위기가 중요하다. 그 고요한 음성에서 설득력이 절로 나온다. 예를 갖춘 소리이기 때문이다.

여섯째로 두용필직(頭容必直)이다. 머리는 반드시 곧게 해야 한다. 고개가 삐딱하면 안 된다. 세상을 보는 긍정적인 모습이 중요하기 때문이다. 멀리, 조금 위를 보는 자세로, 머리끝에서 발끝까지가 곧아야 한다.

일곱째로 기용필숙(氣容必肅)이다. 기상과 용모의 이미지는 반드시 엄숙해야 한다. 경망스러우면 안 된다. 부드럽지만 위엄있는 모습을 지녀야 할 것이다. 이것이 경박한 재치보다 중요하다.

여덟 번째로 입용필덕(立容必德)이다. 서 있는 모습에서 반드시 너그러운 후덕(厚德)함이 우러나와야 한다. 그래서 전체적 인격의 표현이 덕성스러운 분위기를 만들어내 종합적인 평가를 받는다.

아홉 번째로 색용필장(色容必莊)이다. 얼굴은 반드시 씩씩한 모습을 보여야 한다. 우울하고 비관에 차고 찡그린 인상은 마주한 사람의 심기마저 실망케 한다.

이것이 선비의 구용(九容)이다.

선비의 이정표, 구사

　오늘날 우리 사회는 민주시민의 힘으로 움직여 가고 있다.
2002년에는 한국 축구팀의 월드컵 진출로 시민들의 응원 열기
가 무척 컸다. 그때 대한민국! 대한민국! 부르짖으며 하나로 모
였던 목소리는 어느새 세계적인 문화강국이 된 한국의 문화와
콘텐츠를 응원하고 지지하는 목소리가 되었다. 그렇게 한 목소
리를 내던 이들이 이 나라의 선비가 될 때 우리의 21세기는 튼튼
한 내실을 쌓으며 또다시 부흥할 것이다. 15세기 세종, 18세기
영조와 정조, 그리고 또 300년 후 21세기 문화 부흥의 시대가
성큼 다가왔다.

　그 지도적인 선비의 소양을 갖춘 진정한 민주시민이 되기 위
해서는 모든 사물을 볼 때 아홉 가지를 신중히 생각하면서 행동
거지(行動擧止)로 삼아야 할 것이다. 그것을 선비의 구사(九思)라
고 한다. 이것은 선비가 삶의 이정표로 삼는 정신의 자세로서
구용(九容)보다도 더 중요하다. 선비의 외형보다는 내면의 사고
방식이 그의 운명을 결정하기 때문이다. 그래서 선비의 구사는

오늘날 현대 사회를 살아가는 민주시민의 좋은 지침이자 절대적인 고려 사항이 될 것이다.

첫 번째로 시 사명(視 思明)이다. 사물을 볼 때는 분명하게 볼 줄 알아야 한다. 선입관을 가지고 사물을 보면 안 된다. 있는 그대로를 뚜렷이 보고 있는가를 생각해야 한다.

두 번째로 청 사총(廳 思聰)이다. 무슨 말을 들을 때는 그 말뜻을 총명하게 듣고 있는가를 생각해야 한다. 선비는 말을 들은 듯, 만 듯 희미하게 흘려들으면 안 된다.

세 번째로 언 사충(言 思忠)이다. 말을 할 때는 충실하게 하고 있는가를 생각해야 한다. 농담 섞인 언행, 무책임한 말을 하고 있지 않은지를 깊이 생각하면서 말해야 한다.

네 번째로 색 사온(色 思溫) 이다. 언제나 자기의 얼굴 표정이 온화하고 편안한가를 생각해야 한다. 얼굴에서 찬바람이 불고 다른 이들에게 나쁜 인상을 주고 있지 않은지를 늘 생각해 봐야 한다.

다섯 번째로 모 사공(貌 思恭)이다. 자기의 모양과 용모가 늘 남을 공경하는 법도를 지키고 있는가를 생각해야 한다. 무례하고 저돌적인 행동을 하고 있지나 않은가를 생각하자.

여섯 번째로 사 사경(事 思敬)이다. 사회생활에서 남을 받들 때는 늘 공경스러운가를 생각해야 한다. 무례한 행동을 하면 화를 당한다. 언제나 겸손한 태도로 자기를 누르고 예로 돌아와야 한다.

일곱 번째로 의 사문(疑 思問)이다. 만사에 의심이 있으면 남에게 물어볼 것을 생각해야 한다. 그리하여 좋은 의견을 받아들일 수 있는 자세가 중요하다. 자기 독단은 위험하다.

여덟 번째로 분 사난(忿 思難)이다. 분한 일을 당하더라도 경솔하게 즉흥적인 반응을 하면 안 된다. 자칫 그것이 화가 되고 재난을 입을 수 있다. 화가 날수록 냉정하게 생각해야 한다.

아홉 번째로 견득사의(見得 思義)이다. 갑자기 이득을 보게 되면 우선 그것이 정의로운 것인가를 생각할 줄 알아야 한다. 그 결과가 아무리 좋더라도 공정하지 않은 과정에 의한 거라면 의롭지 않은 것이다. 노력하지 않고 얻은 이득을 덥석 먹어 버리면 화가 올 수 있다. 심사숙고해야 한다.

이와 같이 아홉 가지로 행동하기 전에 먼저 신중히 생각하고, 자기 자신을 성찰할 수 있는 인격체가 바로 선비이다. 이것은 늘 몸가짐을 살펴야 하는 아홉 가지 구용과 더불어 구사는 한국의 미래를 이끌 '신세대 선비'의 부드러운 맵시와 멋이 될 것이다. 그래야 비로소 그다음의 '선비의 36도(道)'를 생각할 수 있다.

현대인을 위한 선비의 36개 도

시대마다 위대한 유가 스승께서 강조하신 시대정신은 달랐다. 퇴계 선생은 예(禮)를 강조하였고, 율곡 선생은 성(誠)을 따졌다. 그리고 임진왜란과 병자호란으로 시대가 혼란할 때 우암 송시열은 직(直)을 으뜸으로 여겼다. 그래서 선비는 언제나 화이부동(和而不同)[1]하고 성근시보(誠勤是寶)의 정신으로 극기복례(克己復禮)[2] 함을 선비의 도(道)로 여겨 왔다.

우리는 선비가 겉으로 갖추어야 할 아홉 가지 기본 자세, 즉 '구용(九容)'을 통해 스스로의 용태와 품행을 살펴보았다. 그리고 또한 선비가 가져야 할 아홉 가지 내면의 덕목인 '구사(九思)'를 통해 현대인의 사고방식을 점검하고 심각하게 돌이켜보았다. 선비의 길은 쉬우면서도 어려웠다.

다른 종교가 내세와 천당을 위하여 좋은 일을 하지만, 선비는

---

1 남과 화목하게 지내기는 하지만 무턱대고 남의 의견에 동의해 무리를 지어 어울리지는 않는다.
2 지나친 욕심을 누르고 예의범절을 따름.

바로 살아생전의 이 현세를 이상사회로 만들기 위하여 그 리더로서 언행을 철저히 하였다. 호학(好學)으로서 과거에 응시하여 사대부(士大夫)가 되는 선비도 있었지만, 그보다도 전국 각 고을에 묻혀 있으면서 모두가 고루 잘 살 수 있는 대동사회(大同社會)를 이룩하는 데 등불이 되고 있었다.

자기가 살고 있는 고을에서 이상사회를 이룩하기 위하여 선비는 구용의 자세로, 구사 그리고 36개 도(道)를 실천하기 위하여 지성(至誠)을 다했다. 그러한즉 선비는 비록 가난하지만 공동체 전체의 모범이 되어 모두의 존경을 받았으며 고을의 자랑이 되기도 하였다. 우리나라가 동방예의지국(東方禮義之國)으로 불릴 만큼 격조 있는 삶의 태도가 보편화된 것은 이 덕분이다. 인격은 곧 국격(國格)이 되었고 국제적인 존경도 받게 되었다.

선비의 36도는 현대인의 생활 속에 귀중한 교훈을 주고 있다. 고전 속에 떠드는 한낱 옛말이 아니라 오늘날 현대 지성인이 참고하여 실천에 옮겨야 하는 우리 고유의 리더십에 대한 내용이기도 하다. 다음은 선비의 36개 도와 이를 현대적으로 풀이한 것이다.

1. "선비는 머릿속에 늘 먹물이 들어 있어야 한다."
   – 항상 호학(好學)의 이념이 있어야 한다.
2. "선비는 사서오경(四書伍經)을 줄줄 외울 수 있어야 한다."
   – 자기 전공에 강해야 한다.

3. "선비는 어느 자리에서나 한시(漢詩)를 즉석에서 지을 수
  있어야 한다."
   - 즉 현대인도 문(文)·사(史)·철(哲)의 교양과 시(詩)·서
   (書)·화(畵)의 정서가 겸비되어야 한다.
4. "확고한 주관이 있어서 좀 고집스러워야 한다."
   - 사회적 공론(公論)에 앞장서야 한다.
5. "군자(君子)로 자처할 수 있는 조행(操行)이 있어야 한다."
   - 사회적 매너(manner)를 강조하고 있다.
6. "말은 어눌하게 해야 한다."
   - 청산유수(青山流水) 같은 말은 신뢰가 없다. 늘 말의 무
   게를 생각하여 신중하게 말해야 한다.
7. "말보다 실천(實踐)이 앞서야 한다."
   - 언행일치(言行一致), 학행일치(學行一致)가 중요하다.
8. "의리(義理)를 중(重)히 여겨야 한다."
   - 무신불립(無信不立)이다. 사회에 동지애(同志愛)를!
9. "남의 장점(長點)만 말하고 단점(短點)은 말하지 않는다."
   - 현대적 처세술이다.
10. "남의 일을 화제에 올리지 않는다."
   - 현대적 개인주의와 인권 존중의 의미이다.
11. "자기 주관보다는 옛 선현의 말을 인용하여 주장한다."
   - 『논어』, 『성경』, 『불경』의 명구를 활용하자. 출처가 있는
   말은 주장의 신뢰를 높인다.

12. "자기보다도 낮은 사람들과도 사귄다."

    - 특권의식을 불식하여 후덕(厚德)해야 한다.

13. "윗사람을 공경하고 아랫사람을 사랑한다."

    - 현대적 상경하애(上敬下愛)의 처세술이다.

14. "사사(私事)로운 일보다는 공사(公事)를 앞세운다."

    - 사리사욕을 버리고 공동의 이익을 취하는 선공후사(先
      公後私)의 이념이다.

15. "아첨(阿諂)하지 않는다."

    - 의연하게 자기의 갈 길을 걸어가야 한다.

16. "선비는 염치(廉恥)를 중히 여긴다."

    - 함량(含量) 미달(未達)의 지도자는 안 된다.

17. "선비는 언제나 명분(名分)을 따져 행동한다."

    - 현대에도 명분은 실리보다도 중요하다.

18. "성실(誠實)을 첫째 덕목으로 삼는다."

    - 성근시보(誠勤是寶)의 윤리성을 존중해야 한다.

19. "부화뇌동(附和雷同)하지 않는다."

    - 언제나 자기 주관을 가지고 신중하게 행동한다.

20. "부모에게 효도함은 모든 행실의 근본이다."

    - 하버드대학의 두웨이밍(Tu Wei-Ming) 교수는 이 부분
      에 있어 "한국이 제일"이라고 설명한 적이 있다.

21. "내 마음을 미루어서 남을 헤아린다."

    - 역지사지(易地思之)하며 타인의 일에 공감할 줄 알아야

한다.

22. "부모의 원수는 끝까지 갚는다."

    - 부모의 한(恨)을 좋게 풀어 드리자.

23. "조상(祖上)을 숭배한다."

    - 우리의 뿌리를 알고 예(禮)로써 자랑스럽게 날개를 달자.

24. "일가친척을 극진히 위한다."

    - 우리의 가족주의는 세계에 드물다. 그 속에 행복이 있다.

25. "사랑은 가까운 이에게서부터 단계적으로 베푼다."

    - 이웃사촌도 중요하다.

26. "전통(傳統)을 중히 여긴다."

    - 이념과 냉전의 시대는 끝났다. 전통과 문화의 시대가
      왔다.

27. "동트기 전에 일어나서 소세(梳洗)하고 의관을 정제하고
    한 가지를 해낸다."

    - 선비의 기상 시간은 인시(寅時) 새벽 4시이다. 출근하기
      전에 남몰래 공부를 하고 나간다.

28. "집안에서 글 소리가 떨어지지 않아야 한다."

    - 자녀교육은 선비 가정의 생명줄이다.

29. "천한 직업에 종사하지 않는다."

    - 직업에 귀천은 없지만, 사회에 해가 되는 일은 삼가라.

30. "가난을 싫어하지 않는다."

    - 무소유(無所有)의 인생관이다. 가난해도 선비의 삶의 초

라하지 않다.

31. "장사를 하지 않는다."

    - 현대적 기업이라도 공익 속에 실리를 얻어야 한다.

32. "자기 어려움을 남에게 호소하지 않는다."

    - 남에게 폐를 끼치지 않고, 때를 기다린다.

33. "사랑에서 거처(居處)하고, 안방 출입을 자제한다."

    - 다남녀귀복(多男女貴福)은 가능하다.

34. "감정의 표현에 절도(節度)가 있어야 한다."

    - 선비의 사유(四維)인 예(禮)·의(義)·염(廉)·치(恥)를 강조한다.

35. "아무리 화가 나도 아내를 때리지 않는다."

    - 선비는 여권을 존중하고 숙부인(淑夫人)의 권위를 세워야 한다.

36. "선비는 도박을 하지 않는다."

    - 주색잡기(酒色雜技)를 멀리해야 한다.

이처럼 우리 민족의 지도층이었던 선비가 세상의 이치로 여겼던 구사와 36개 도는 옛날 전제군주 시대의 낡은 규범이 아니다. 바로 오늘날, 아니 21세기를 통틀어서 그 어떤 시대에도 반드시 필요한 덕목이라는 것을 알 수 있다.

그러나 이러한 규범은 낯선 것이 아니라 일찍이 우리 몸속에 깊숙이 배어있는 덕목이다. 그것을 오늘날의 시대에 맞게 표출

하면 그것이 바로 우리 민족의 정신이고 선비의 자세가 되는 것이다. 우리 모두 자신 있게 선비의 도를 행동 규범으로 우리의 자손들을 교육하자.

제4부

선비의 눈으로
한국사회를 보다

조선왕조실록은 누가 처음 봤나?

　우리의 역사책으로『삼국사기(三國史記)』는 고려시대에 김부식이 썼다.『고려사(高麗史)』는 태종 때 정인지가 아홉 번 고쳐서 집필했다.『조선왕조실록(朝鮮王朝實錄)』은 한 인물에 의해 주도적으로 편찬된 것이 아니다. 조선조 시대의 엘리트인 한림 선비 사관과 옥당 선비 언관이 만든 것이다. 519년 27대 왕조의 역사를 명문으로 엮어 놓은 세계적인 888권의 문학적인 법제사 책이다. 그렇다면 조선왕조실록은 누가 제일 먼저 보았을까?

　사관은 왕이 재위 중에 일어난 일을 모두 기록하였다. 그리고 손자 대에 와서야 그 할아버지 왕의 실적을 공개하고 심사하여 실록청(實錄廳)에서 세 번의 정리와 편집 과정을 거쳐 실록으로 간행하였다. 그 처음의 원고는 자하문(紫霞門) 밖 세검정(洗劍亭) 물 흐르는 계곡에서 적시고 말려서 태워버려서 엄격하게 비밀을 유지했다. 간행된 실록은 여러 권의 복사본을 만들어 전국의 깊은 산속, 오대산 등 6개소를 정하여 사고(史庫)로 보관해 두었다. 그리고 글을 아는 자를 비롯하여 서고 근처에는 아무도 못

오게 했다. 다만 하관(夏官)을 두어 여름철마다 햇볕에 말렸다. 책이 망가지지 않도록 귀중하게 다루었던 것이다.

그 종이로 된 역사책을 어떻게 500여 년 동안 생생하게 보관했을까? 오늘날 종이의 수명은 50년이고 일본 종이가 100년이라고 하는데, 조선의 종이는 1000년 수명을 장담했다. 그것이 조선 종이의 과학이고 정성이었다. 그렇기 때문에 조선왕조실록은 우리 민족의 문화재일 뿐만 아니라 놀라운 과학이 담긴 종합적 예술의 집합체인 것이다. 그렇게 법도 높게 비장해 둔 '역사의 블랙박스' 뚜껑을 처음으로 열어본 장본인은 허망하게도 군국 일본의 식민지주의 침략자였다.

1907년 7월에 고종이 하야하고, 8월 1일 우리 대한제국 군대가 해산되었다. 군대 없으니 주권이 없고 주권이 없으니 나라가 망했다. 1909년에는 일본 침략자인 이토(伊藤)가 어린 순종을 위해 창경궁을 동물원으로 만들었다. 그해 10월 26일 안중근 의사가 그를 사살했다. 그리고 1910년에 강제로 한일합병을 당하고 1913년 총독 데라우치(寺內)가 오대산의 실록을 도쿄대학 도서관에 보냈다.

일본의 모든 학자들이 모여서 그 보물 같은 실록을 정독했다. 어떻게 조선조가 519년 체제를 유지했나? 참으로 흥미진진한 역사 자료에 심취했을 것이다. 선비의 기록정치와 직간정치에 압도되었다. 그래서 이 실록은 한국 학자에겐 절대로 보여주지 않았다. 이병도 박사가 경성제국대학의 이마니시(今西) 교수 연구실에 있었지만 그에게는 실록의 글자 하나도 보여주지 않았다고 한다. 그래서 1957년 이병도 박사의 『국사대관(國史大觀)』이 나올 때까지 40여 년 동안 우리의 조선사 역사 연구는 일본보다 늦었다고 한다.

그러나 조선을 침략하고 강제로 통치하려 했던 제국주의 일본 학자로서는 선비정치를 찬양할 수는 없었다. 오히려 총독부의 문화정책 가운데 하나로 조선은 선비 때문에 망한 것이며 드디어 일본에 합병될 수밖에 없었다는 소위 '식민지사관'을 한국의 역사교육에 심어 놓았다. 소위 사색당쟁(四色黨爭), 문약정치(文弱政治) 그리고 경제 파탄의 원인이 오히려 선비정신에서 나왔다고 한국민에게 철저하게 왜곡하여 교육했다. 우리 사학계는 그 무서운 식민사관에서 아직도 헤어나지 못하고 있다.

그런 간악한 식민사관으로 한국 국민이 자국의 역사를 부끄럽게 생각하도록 하였다. 실록에는 몇 줄로 기록된 일을 제대로 된 해석 없이 사건을 과장하여 소설로 만들고 선비의 고결함에 부패하고 고루한 이미지를 덧씌웠다. 우리 TV에 나오는 사극 드라마는 아직도 적확한 고증이나 사실이 과장된 경우가 태반이다. 안타깝게도 그들의 식민사관 정책은 크게 성공했다. 그것은 오늘날에도 우리가 국가적 긍지를 가지는 것을 방해하고 있다.

이에 대한 벌을 받은 것일까? 1923년에 도쿄에 지진이 일어났다. 그리고 그들이 가져간 실록은 타버렸다. 타다 남은 47권이 겨우 근 100년 만인 2006년에 돌아왔다. 이 위대한 조선왕조실록을 우리가 먼저 보고 국민들에게 올바르게 교육했다면 우리 민족의 운명도 달라졌을 것이다.

신사도와 선비정신

화란춘성하고 만화방창한 봄이 왔다. 초봄에 아직도 싸늘한 아침이지만 날은 맑았다. 올해도 새삼스럽게 창경궁을 찾아 들었다. 오늘은 휴일이다. 많은 신랑 신부가 결혼식을 하기 전에, 또는 결혼식을 올린 후에 이곳 명정전(明政殿) 남쪽의 넓은 잔디밭에서 기념사진을 찍고 있었다. 유교 국가에서 모든 사람은 벼슬을 하고 싶었다. 또 나라에서도 널리 인재를 구하고 있지 않았는가? 그래서 '장원급제', '원님', '암행어사' 등은 꿈을 성취하는 이야기에 늘 등장하는 익숙한 민속 소재로서 우리 민족의 마음속에서 영원히 살아 내려오는 듯하다.

그래서 보통사람에게는 일생에 단 한 번, 벼슬하는 사람이 갖춰 입는 '사모관대(紗帽冠帶)'를 혼인이라는 대사를 치르는 날 입을 수 있게 하였다. 이러한 관례를 통해 신랑은 장가가는 날 하루 그 고을의 원님이 된다. 그러니까 말하자면 그날은 '하루천하'를 이룩하는 날인 셈이다. 이날 신랑이 입는 관복은 세계사에서 훌륭한 전성기를 누렸던 당(唐)과의 교류에서 도입되어 들어온 의복의 형식이었고, 신부가 쓰는 관모인 족두리는 세계를 제패했던 몽골제국 원(元) 왕실에서 유입된 것이다. 그래서 이렇게 혼례를 올리는 것은 혼인날이 신랑 신부에게 있어 세계적인 날이라는 것이다.

그러나 요새는 사뭇 달라졌다. 신부라면 하루라도 프랑스 베르사유 궁전의 왕비가 되어 보고 싶다 하는 염원이 어느새인가 움트기 시작했나 보다. 이제 신부는 서양식 면사포를 쓰고 신랑은 평범한 양복 한 벌을 입는다. 그 옛날의 위엄있는 사모관대도 입지 못하고 하룻날의 원님으로부터도 격하되었다. 그저 여왕이 된 신부의 곁다리가 되어 오늘은 창경궁 안에서 신부 사진을 찍는데 옆에 서 있을 뿐이다.

이렇게 과거 우리 민족 한 사람 한 사람의 염원은 소박하게도 벼슬과 관에 있었다. 그 소원을 풀어 주는 풍습의 하나가 이렇게 관제화된 예식이었다. 이는 궁의 법도였던 유교의 성리학적인 예의와 질서를 민속화한 것이며 조선왕조의 정치문화가 민간에 내려와 보편화한 것이다. 그러나 오늘날은 그 풍속의 가치가 서구의 생활양식 속에서 사라져 가고 있다.

선진국은 모두 지도자 계층의 정체성이 시대를 넘어서 계속적으로 이어졌다. 일본 사무라이 계층의 공인의식, 영국의 신사도 정신, 독일의 융커 출신 관료, 미국의 개척정신 등이 그 예다. 모두 다 정치체제는 바뀌어도 그 공인의식의 전통은 시대에 적응하면서 면면히 내려오고 있다.

특히 영국의 신사도 정신을 보자. 영국의 신사는 한국의 선비와 비견될 수 있다. 민주주의의 원천으로 영국의 의회제도가 존경을 받고 있으나, 사실 그렇게 존경받는 오늘날의 정치제도는 1000년 동안의 무수한 관례와 제도의 시행착오를 거쳐 완성된 것이다. 1832년에 제1차 선거법 개정안이 통과될 때까지만 해도 영국의 선거는 그야말로 부정부패로 가득했다. 돈으로 투표권을 사는 것은 물론 투표권자를 납치하여 선거일까지 회식하고서 선거장으로 인솔해 갔었던 일도 있었다.

당시 야당이었던 자유당의 존 러셀(John Russell)은 새로운 선거법을 통과시키면서 중산 계층에게 많은 참정권을 주었다. 그렇게 1835년의 선거에서 대승을 거두었고, 앞으로 50년 동안은 보수당이 정권을 잡지 못할 거라고 장담하였다. 그러자 보수당의 당수인 로버트 필(Robert Peel)은 곡물조례법을 들고 나와 농촌 자유무역을 반대하고 보호무역을 지지하고 나섰다. 보수당은 농촌 지주 계급의 압도적인 지지를 얻어서 대승하여, 자유당을 5년 만에 내몰고, 다시 보수당의 내각을 이룩할 수 있었다.

그 당시 로버트 필의 세도는 대단하였다. 그러나 그들이 집권하고 나서부터 런던 시내의 빵값은 올라갔다. 주위의 유명한 학자 출신인 리처드 코브던(Richard Cobden)이나 존 브라이트(John Bright)의 자유무역 이론이 점차 경제적 설득력을 갖게 되었다. 그리하여 그는 국가의 백년대계를 위하여 자기의 정견을 버리고 야당인 자유당의 정강·정책이었던 자유무역을 지지하게 이르렀다. 수상이었던 로버트 필은 너무나 압도적인 권위와 세력을 가지고 있었기 때문에 함부로 그에게 반대하는 정치가가 없었다.

그때 홀로 일어서서 반대한 정치가가 바로 벤저민 디즈레일리(Benjamin Disraeli)였다. 그는 그의 당수에게 "정책 결정에서 자유무역은 좋습니다. 그러나 그 절차로서 이 나라에서 자유정치는 안 됩니다"라고 했다. 디즈레일리는 39년의 정치 생활 중에서 야당 생활을 32년 동안 하였다. 보호무역을 지지하는 농촌의 국회의원들과 필파(Peel派)에 반대하고 마침내 집권하여 빅토리아 시대에 해가 떨어지지 않는 대영제국을 만들었다. 그는 그 당시 자유당원이자 필파인 윌리엄 글래드스턴(William Gladstone)과 대결하면서 19세기 중엽의 영국의 산업혁명의 사회적 욕구를 의회의 토론 속으로 수렴해 냈다.

특히, 디즈레일리가 죽기 전에 연애소설을 써서 받은 인세로 그를 평생 따라다니던 빚을 갚고야 말았다는 일화는 본받을만한 청렴결백한 정치가의 태도이다. 그는 39년 동안 꼬박꼬박 의회에 앉아서 임기 처음부터 끝까지 의석을 떠나지 않았으며, 투병하면서도 작고하기 전까지 의사록의 문법을 고쳤다고 하는데 그 성실성은 오늘날 우리 정치가들이 배워야 하는 철저한 직업의식이다.

글래드스턴은 영국의 최대의 민중 정치가로서 영국 국민의 선거권 확장에 헌신하여 오늘날의 비밀, 보통, 자유, 일반의 선거 제도를 싹틔웠으며 자유당의 전성시대를 이룩하였다. 디즈레일리 이후 글래드스턴이 총리직에 오르는 정권 교체는 오늘날 영국의 의회정치 제도가 관례에 의하여 이루어졌음을 잘 보여준다. 또한 깨끗한 정치가의 윤리성과 도덕성의 본보기가 되었다.

이처럼 영국 의회를 오늘날과 같이 발전시킨 정치가의 신사도는 마치 우리의 선비도와 같지만, 무섭게도 신사도는 영국 정치무대에서 한 번도 중단이 없이 연속되었다는 데에 그 의의가 있는 것이다. 그 신사도에는 노블레스 오블리주(noblesse oblige)라는 공인의식이 철저하다. 자기 직책이 높으면 높을수록 그의 의무가 크다는 원칙이다. 여왕에서부터 이튼 칼리지의 학생에 이르기까지 이를 철저하게 지켰다는 데에서 오늘의 영국 공인의식의 강한 점이 있는 것이다.

창경궁의 문정전(文政殿)은 오늘날의 국무회의가 열렸던 곳으로, 모든 국사는 여기에서 제의되고 결정되었다. 권력 핵심체의 결정이요 위민정치(爲民政治)의 원천이 된 곳이다. '백성은 국가의 근본'이라는 유교적인 정치이념을 구현하는 전당이 바로 이곳 문정전이다. 여기는 신선한 곳이고, 밀실이 없다. 모든 문제는 이 남향의 밝은 편전에서 조용히 신중하게 결정되고 처리된다. 이곳에서는 국왕도 함부로 결정하지 못하고, 신하도 말과 행동을 가볍게 하지 못한다.

이 문정의 어전회의가 이루어지기 위해서는 반드시 있어야 하는 두 가지 제도가 있다. 그 하나가 바로 사관(史官)제도이다. 회의에는 사관이 배석하여 그곳에 참석한 모든 공인의 공식 언행을 낱낱이 기록해 둔다. 심지어는 발화자의 표정, 반응 그리고 특기 사항 등을 하나도 빠짐없이 정직하게 기록해 둔다. 그 기록이 바로 사초(史草)이다. 그것이 모여 실록이 되는 것이다. 왕이 그 사초를 고치라고 명령했으나 사관인 선비는 차라리 화로를 껴안고 불타 죽을지언정 사초를 고치지 않았다는 고사에는 문정전의 토의와 결의를 도덕적이고 윤리적으로 정통성 있게 간직하려는 이념이 얼마나 서려 있는가?

또 하나의 제도가 있다. 그것은 그 어전회의에 대한 언관(言官)제도이다. 아무리 밝은 곳에서 다수에 의해 토의를 거쳐서 의결되었던 결정이라도 그것이 예에 어긋나는 일이라면 시정을 요구할 수 있는 언관이 배석해야 한다. 사간원(司諫院), 사헌부(司憲府), 홍문관(弘文館) 등의 공인의 선비이다. 그들에게는 무엇이라도 간(諫)하고, 거론해도 좋다는 면책특권이 있었다. 또한, 그들 뒤에는 성균관(成均館)의 유생들이 있었다. 결정이 엄격한 유교 이론과 법도에 어긋나면 시정하는 역할을 했다. 그들은 정의를 위해서 상소하였고 집단시위까지 일으킬 수 있었다. 마치 오늘날 우리의 민주헌법을 지키는 것과도 같다.

비록 이성계의 쿠데타로 정권을 잡았으나 그 정치체제가 500여 년 동안 지켜진 것은 단순히 물리적인 무력이나 총칼의 힘이 아니었다. 그보다는 문, 글의 힘, 그리고 그 밑에 깔려 있는 바로 그 '선비정신'이 있었기에 절대적인 권력을 가진 국왕도 선정을 베풀었다.

이렇게 정치에 있어서 정통성과 윤리 도덕성을 국왕 스스로가 지키고 있으니 백성들도 그 예와 법도를 따라야 한다는 정치 풍토가 있었다. 그러기에 조선왕조가 질서 있는 태평성대를 이룩하고, 황희 정승이나 류성룡 재상 같은 선비들이 역사에 남는 청백리(淸白吏)가 되어서 훌륭한 이도정신(吏道精神)[1]을 높이고 드디어는 이 나라를 동방예의지국이라는 문치(文治)의 문화대국을 만든 것이 아닌가?

　그 선비 계층 중에서도 청백리는 으뜸가는 공인이다. 그들은 이조 519년 27대 동안에 겨우 218명 만이 선발되었다. 그들의 자기 수양과 백성을 다스리는 덕목은 대단했다. 그리하여 살아서는 염근리(廉謹吏)[2]로, 죽어서는 청백리로 존경받으며 후세에 그 명예를 남길 수 있게 하였다.

　그러나 이러한 훌륭한 공인의식이 왕성할 때는 역시 그 사회의 지도자인 국왕이 훌륭할 때였으며 그 사회의 이념도 뜨거웠을 때였다. 조선왕조 500년 중에서도 아직 건국의 이념이 강할 때, 초기 200년 동안 이도정신을 가진 청백리가 더 많이 나왔다. 선조 25년, 임진왜란이 일어나기 전까지 162명이 선발되었다. 그중에서도 세종대왕 대에 가장 많은 청백리가 배출된 것만 보아도 알 만하다. 그 후 300년 동안엔 청백리는 56명이 나왔을

1　관리(官吏)로서 마땅히 지켜야 할 도리와 정신.
2　청렴하고 매사에 조심성이 있는 관리.

뿐이다. 이는 한 나라의 흥망성쇠와 관계가 깊다. 조정이 당파 싸움에 시달리기 시작하고, 그 사회의 도덕성과 청렴성이 위에서부터 흐려지기 시작한 헌종, 철종, 고종, 순종 대엔 한 명도 없었다. 이러한 사례를 봐도 조선왕조 500년의 철저한 문정의 정치제도는 그 사회를 이끌고 나가는 선비들의 공인의식이 뒷받침되는가가 얼마나 중요했는지를 말해주고 있는 것이다.

그러나 이러한 전통은 바로 그 선비들의 퇴폐적인 분위기와 너무나 문약(文弱)한 사고방식, 그리고 폐쇄성 때문에 19세기 말부터 세계에 불어닥치는 서구열강의 침투를 막지 못했다. 특히 일본 사무라이 계층(무사 계급)의 메이지유신으로 급히 성장한 일본이 부국강병의 제국주의 팽창정책을 펴면서 조선의 선비계급이 이룩한 문화대국의 전통을 무너트리고 말았다.

신랑 신부의 결혼 기념사진 배경으로 인기가 좋은 명정전 남쪽의 넓은 잔디밭은, 내가 어렸을 때 그렇게도 구경하고 싶었던, 창경원 동물원이 있던 그 자리였다. 참으로 기가 막힌 일이다. 과연 일제 총독부 어느 관리의 아이디어인가? 한 나라 왕궁의 권위를 그토록 우습게 만들고, 냄새나는 동물원을 만들었으니…. 그 당시 일본 식민지 관료로서는 그야말로 기발한 아이디어이고, 참으로 기책의 묘안이었다. 조선의 정치 중심지였던 근엄한 왕궁을 둘로 갈라놓기 위하여 원남동으로 관통하는 큰길을 뚫어 놓고, 한편은 창경원이라는 동물원으로 만들고 한편은 종로의 왕실의 종묘를 두어 둘로 나누어 버렸으니 기가 막힐 노릇이다. 그리고 가증스럽게도 그 둘을 연결하는 육교까지 고안했으니….

그뿐인가? 벚꽃을 창경원에 심어놓고 봄이 되면 밤중에 벚꽃놀이를 시켜서 매년 한국인들 스스로 왕궁에서 술주정뱅이 노릇을 하도록 만들어 놓았으니…. 일본의 총독은 속으로 얼마나 웃었을까? 이것은 치욕이었다. 그러나 그 당시 우리는 이것을 따질 만한 힘이 없었다. 이때가 1909년 순종 3년으로, 헤이그 밀사 사건을 트집 잡아 고종을 퇴위시켰고 정미년 1907년에 우리의 군대를 해산시켰기 때문이다. 군사력의 박탈은 곧 주권의 박탈이었고 따라서 조선은 일본의 식민지가 되고 말았다. 이러한 역사는 아무리 문정전에서 권위 있는 어전회의를 해도, 아무리 국왕이 법도에 의한 덕치를 해도, 국가를 지키는 무신이 없고 무력이 문약 속에 쇠퇴해 버리면 우리의 주체성과 전통문화 그리고 민족의 생활양식을 지켜낼 수 없다는 것을 실감나게 말해 주고 있다.

오늘날에는 다행스럽게도 그 일제의 잔재가 하나도 남지 않았다. 제5공의 문화사업이 이러한 왕권의 위엄을 바로잡았다. 그리고 그동안 동물원을 만드느라 허물어 버린 건물을 다시 복구해 놓았다. 그러나 그렇게 하고 보니 그 왕궁의 규모가 너무나 협소해 보였다. 홍화문 정문에 들어서자마자 바로 코앞이 명정문이 아닌가? 조신(朝臣)들이 서 있었던 문안의 뜰을 보니 중국의 거대한 왕궁이 생각이 난다. 우리의 스케일이 이것인가? 또는 그들의 종주권으로 제한을 받았던가?

오늘날 우리는 그 당시 선비들을 너무나 후진적이고, 봉건적이고, 보수적이고, 권위주의적이고, 계급적이고, 비판적이고, 비생산적이고, 비인간적이고, 남존여비하고, 비합리적이고, 사대적이고, 파당적이었다고 평가하며 원망하고 있다. 선비들의 바로 그러한 특성 때문에, 그 조상의 핏줄을 이었기 때문에 우리나라가 망했다고 저주하고 비난하고 있다. 그렇게 해야만 오늘날 우리 스스로가 선진적이고, 과학적이고, 생산적이고, 진보적이고, 합리적인 현대인이 된 듯하다. 남보다 앞서서 서구의 전통을 편들고, 누구보다도 먼저 한국의 전통을 등져야만 뒤떨어진 구습을 탈피한 진정한 현대인이 되는 것처럼 생각하고 있다.

그러나 엄연한 역사적 사실은 우리 민족의 조선왕조 500년 역사 속에 문정의 전통이 있었고 바로 그 위민정치를 위한 정치문화 속에서 선비들이 이룩해 놓은 찬란한 이조의 법제사가 있었다는 것이다. 이 자랑스러운 역사는 근 100년 전에 일본의 침략으로 중단되었다. 해방되고 나서는 서구 정치제도의 무차별적 수입으로 우리나라 전통의 정치가 그 잘못만 부각되고 과장된 채 제대로 평가받지 못하여 도덕성과 정통성의 혼란을 받게 되었다는 사실이다.

영국이 1000년이 넘는 시행착오를 거치면서도 신사도의 정신에 입각하여 결국 의회정치를 정착시키고 꽃피웠듯이, 우리도 비록 일제에 의해 잠시 단절되었던 선비정신이라는 훌륭한 유산을 되살려 그 정치이념을 계승하여야 한다.

백사의 농담

백사(白沙) 이항복(李恒福)은 선조 때 임진왜란을 겪으신 재상으로 강직하면서도 요샛말로 유머가 풍부하신 분이었다. 비변사(備邊司)는 오늘날의 국방안보회의 같은 중요 회의가 열리는 곳이다. 그런데 백사는 언제나 이 회의에 지각을 하셨다고 한다. 그래서 어느 날 다른 사대부들이 지각이 잦은 것으로 그를 심각하게 추궁했다고 한다. "국가의 대사를 심의하는데 경은 어찌 이렇게 늘 늦게 등청(登廳)하는 거요?"

그러자 백사가 웃으면서 변명하기를 "미안합니다. 그런데 오다가 길거리에서 재미있는 구경거리가 있었습니다. 까까머리 중하고 실속 없는 내시가 서로를 붙들고 싸우고 있었습니다. 내시는 중의 머리털을 휘어잡고, 중은 내시의 없는 것을 움켜잡고 싸우는 것이 아닙니까. 그러니 싸움이 끝나지 않았습니다" 하고 대답하니 대신들 사이에 웃음이 터져 나왔다.

일견 우스워 보이는 대답이지만, 그 속에는 심각한 비판과 반성을 촉구하는 뜻이 있었다. 내로라하는 선비인 조정 관리들이 모여 실속 없는 공리공론(空理空論)만 오가는 것이 아닌가? 실사구시(實事求是)의 효용성과 실질적인 정책 토론은 없고 그저 성리학(性理學)적 원칙론만 따지며 시간을 소비하고 있는 것이 아닌가? 서로의 부족한 점만 지적하며 중히 논해야 할 안건을 흘려보내고 있는 현상을 뛰어난 해학으로 선비답게 비판하고 경고한 것이다. 백사 역시 60세가 넘어 관직에서 은퇴하면서도 국왕에게 원로다운 직간(直諫)을 하여 함경도로 유배되어 돌아가신 의인(義人)이셨다.

이러한 선비의 문화와 분위기 그리고 멋이 오늘날엔 아쉽다. 선거에서 새로 당선된 공인들도 겉으로는 부드럽지만 속으로는 강한 외유내강(外柔內剛), 청빈을 미덕으로 삼아 검소하고 절약하는 청빈검약(淸貧儉約), 지조와 절개를 지키는 공인으로서의 일관주의(一貫主義), 스스로에게는 공약대로 엄격하되 선거인에겐 후한 박기후인(薄己厚人) 등의 덕목을 지도자로서 수양해야 한다.

이러한 선비의 전통은 이미 수백 년에 걸쳐 내려오며 우리 몸속에 배어 있다. 그래서 우리는 언제나 호학(好學)의 지도자가 되어서 배운 학문과 행동을 일치시켜서 학행일치(學行一致)로 공인이념(公人理念)에 강해야 할 것이다. 나아가서 강한 자는 억누르고 약한 자를 부추겨 주는 억강부약(抑强扶弱) 그리고 공적인 일을 우선하고 사적인 일을 뒤로하는 공선후사(公先後私)를 실천하여야 한다. 그리하여 자신을 당선케 한 그 지역을 모든 사람이 공생공존(共生共存)할 수 있는 이상적인 대동사회(大同社會)로 만들어 내는 이상주의적 지도자가 되어야 할 것이다.

앞서 말한 선비문화는 당선자만의 것이 아니다. 낙선자, 그리고 유권자들에게도 적용되는 우리 사회 속의 영원한 행동지침이다. 21세기 한국 선비사회의 리더십이 되어야 할 것이다. 18세기 이래로 우리의 전통은 그동안 서구문화와 식민지 강권에 의해서 무너져 왔다. 비굴한 생존만이 있었다. 그러나 이제 경제대국이 되고 진정한 우리의 민주주의를 이 땅에 심으려면 우리 모두가 선비의식을 재발굴하고 현대적으로 뿌리를 내려야 할 것이다.

이것이 바로 선거의 참다운 의미가 되어야 한다. 앞으로 우리 국민은 인재를 뽑는 선거문화 속에서 소위 주권을 수없이 행사할 것이다. 주권 행사의 표준은 무엇일까? 그 사회의 양심이요, 지성이며, 그리고 엄격한 기준이어서 우리 사회에 생명의 원기(元氣)를 불어넣어야 한다. 즉 사회 통합적 기능을 할 수 있는 지도자를 뽑아야 할 것이다. 백사의 통찰을 가지고 탁상공론(卓上空論)만을 일삼는 자들을 걸러낼 수 있어야 한다. 주권을 가지고 선택한 지도자, 그에게는 바로 공명정대한 사론(士論)이 있어야 하고, 사류(士流)의 멋이 있어야 한다. "그분은 선비다웠다"라고 할 수 있게 말이다.

세자 책봉과 선비정신

세자 책봉이 그렇게도 간단한가? 이것이야말로 조선조 500년 간 정치적으로 가장 뜨겁게 불탔던 최대의 핵심 이슈였다. 얼마나 어렵고 신중했던 과정인가? 경복궁에는 세자가 공부하고 수양하며 때를 기다리는 배움의 학당이 있었다. 그곳에는 58명의 스승이 동궁에게 수기치인(修己治人)의 덕목을 가르쳤다. 긴긴 수도의 길이었다.

조선조 500년의 정치문화에서도 이것만은 신중했다. 그때에도 군위경(君爲經)이란 맹자의 철학이 무서웠다. 이것이 바로 폭군정벌론으로, 조선조에는 이를 정당하게 여겨 헌법에도 명시되었다. 아무리 국왕이라도 도덕과 윤리에 어긋나고 정치의 전통과 예의 질서에서 벗어나면 먼지와 같이 가볍게 훅 불어서 날려 보낼 수 있다는 것이다. 그래서 두 번이나 반정이 일어나 왕이 바뀌었다. 그 정치적인 실례가 역사 속에 생생하다.

세계에서 의회민주정치의 원조가 된 대영제국의 의회에서도 초선의원의 자리는 아예 없다. 경력을 쌓아 재선, 삼선이 되어야 겨우 긴 벤치 의자의 아주 뒷줄에 앉을 수 있게 된다. 그리고 그곳에서 원고 없이 여야 간의 치열한 정치 토론에서 두각을 나타내야 한다. 그렇게 비로소 내각대신 뒤의 앞자리에 고정석을 겨우 얻게 되는 것이다. 그렇게 국회에서 두각을 나타내며 돋보이더라도 또 기다려야 했다.

그곳 내각대신 뒤의 장관 자리까지 오는 데 걸리는 시간은 여야를 할 것 없이 보통 30여 년 가까이 된다. 야당도 그래서 '그늘 내각(Shadow Cabinet)'이라 하여 차기 내각으로 기대와 존대를 받는다. 왜냐하면, 오랫동안 국민에게 검증을 받았기 때문이다. 그래서 영국의 국회는 세계적인 인재양성소다. 영국의 정치가는 모두 긴 시간 동안 의회생활을 거쳤기 때문에 여우같이 매끈한 세련미가 있다.

오늘날의 대영제국 기초를 만든 유대인 출신의 초등학교 3학년 중퇴의 벤저민 디즈레일리(Benjamin Disraeli)도 39년 정치생활 중 겨우 7년을 집권했다. 보수당의 원내 총무를 하면서 매일매일 빅토리아 여왕에게 보고서를 정치문학적으로 써 올렸다. 그렇게 긴 시간 동안 가시방석 같은 야당의 총무일을 하면서 겨우 세자 책봉과 같은 차세대 수상직을 인정받았다. 그리하여 19세기의 대영제국의 재상으로 빅토리아 전승 시대를 창조했다. 그 검증과정에 얼마나 시련이 많았던가? 참으로 동양의 삼국지보다 흥미로운 정치사가 있었다.

아무리 우리 정치가 전통과 절차도 없이 정권경쟁으로 표를 모아서 쉽게 결정되는 세상이지만, 지난날에는 그렇게 격렬한 집단적 반대 엘리트들(Counter Elite)의 선동이나 거리투쟁으로 정권이 넘어갔다. 그러나 이제부터는 차분히 국민의 신뢰와 검증을 받는 절차와 연륜이 필요할 때가 왔다. 우리 사회엔 제도화된 집단이 얼마나 다양하게 있으며 그들이 얼마나 집권자를 견제하고 있는가? 정치는 장난이 아니다.

세종은 역성혁명 25년 만에 500년의 정치제도를 만들었다. 우리 사회엔 선비가 필요하다. 한명회의 세도에 109번 대항하고 68명이 낙향했다. 그래서 체제가 유지됐다. 지금은 그 기개가 없으니 우리는 망하게 되어 있다. 바로 지금이 정치의 선비문화가 필요한 때이다. 시기가 아주 중요하다. 그래야 영국의 신사정치에 어울리게 될 것이다.

정치가는 긴긴 세월 동안 속도 썩어보고 산전수전을 겪어가면서 국민의 동정과 인정을 받아야 하는 것이다. 후계자 선정은 왕의 고유 권한이 아니었다. 그 오만으로 바로 패왕이 되고 폭군이 되는 것이다. 조선조 519년 27대를 어떻게 유지했던가? 비록 그때 그 왕조정치와는 달라도 정도를 지키는 것에는 현대정치도 예외가 없다. 인재 발굴에 더욱 신중해야 할 것이다.

링컨과 참된 지도자상

"나는 아무것도 아니지만, 정의와 진실만은 만사입니다(I am nothing but truth is everything)." 이 말은 미국의 에이브러햄 링컨이 대통령 후보이던 시절의 인격적인 발언이었다. "인사가 만사"라고 한 우리 대통령들의 오만과는 다르다. 바로 자기 자신부터 스스로가 정직했던 그는 살신성인의 애국심과 견리사의의 정의감으로 선비답게 당선됐다.

그는 "정의로 힘을 만들어(Right makes might)" 학벌과 돈 없이도, 지역감정을 넘어서 "미국을 통합한 대통령"이 되었다. 그의 어질고 곧은 인의(仁義)의 정치 스타일은 우리의 선비정신과 흡사했다. 또한, 그가 선거전에 임했을 때 그에게는 우리의 선비 안중근(安重根) 의사만큼이나 비장한 각오가 있었다.

그가 당선되어 워싱턴으로 떠날 때 25년 동안 정든 스프링필드 시골 역에서 한 처절한 고별연설이 인상적이다. "여러분! 나는 지금 떠나지만 언제 다시 돌아올지 또는 영영 돌아오지 못할지도 모릅니다. 워싱턴의 일이 너무나 힘겹습니다. 하늘의 도움

없이는 안 됩니다. 그러나 하늘이 있기에 나는 절대 실패하지 않을 것입니다"라고 하면서 애정 어린 작별을 고했다. 바로 오늘날 우리가 뽑고자 하는 대통령도 이러한 '링컨 같은 선비 정치가'이다. 그 앞에 놓여 있는 우리 민족의 과제는 그때 미국보다 훨씬 더 심각하다.

우리의 사극 〈용의 눈물〉 속에서도 이성계가 군사 쿠데타로 1393년에 정권을 잡고 이방원의 무단 숙청으로 종묘사직을 만들어 놓고는 1418년에 세종대왕이 즉위할 때까지 불과 25년이 걸렸다. 그 후 32년 동안 세종조는 찬란하고 독창적인 문정위민(文政爲民)의 개혁을 성공시켰다. 그것은 우선 국왕 세종부터 선비의 수기치인 팔덕목을 철저히 몸소 실천했던 도덕성의 힘으로 이루어졌다.

그리고 사관의 평가와 언관의 견제로 국가지도자를 바르게 보필했던 선비 사대부들의 공명정대하고 청렴결백한 기질과 기품으로 완성했다. 그들이 국가지도자 앞에서 당당하게 이룩한 법제사의 기록과 그 전통은 조선왕조실록 888권 속에 우리 민족의 정치적 유산으로 간직되어 있다.

오늘날 시간이 흘러 어느새 해방이 된 지도 100년 가까이 되어간다. 그런데도 우리의 소위 문민의 민주 정치가들의 정직성과 도덕성은 어떠한가? 국회 청문회에서 볼 수 있듯이, 여야를 막론하고 우리는 아직도 정치 지도자들의 도덕적인 '교과서가 없는(Paradigm Lost)' 시대에서 헤매고 있다. 세계화 시대에 선진국의 민주적 정치가 모델이 그렇게 깔려 있어도 우리 정치가는 그 흉내도 못 내고 있다.

첫째로 우리 정치가들은 청백(淸白)하지 못하다. 뿌리부터 썩었다. 둘째로 근검(勤儉)치 못하다. 게으르고 건방지고 사치스럽다. 셋째로 후덕(厚德)치 못하다. 남의 통장만을 뒤지며 박덕하게 보복만 하였다. 넷째로 경효(敬孝)가 없다. 상경하애(上敬下愛) 하는 가족과 사회의 질서가 깨졌다. 다섯째로 인의(仁義)가 없다. '패거리 정치'를 하였다. 이것은 정치 지도자의 수기(修己) 오덕목이고, 청백리 도덕성의 기준이다. 이것은 결코 옛 덕목이 아니다. 오늘의 정치를 평가하는 데에도 적용해야 한다.

이 덕목은 600년 동안 우리 민족 마음속에 항상 깊이 스며있는 지도자 선발 기준으로, 현대에도 조용한 유권자들의 투표행태를 좌우하는 가치관인 것은 틀림없다. 오늘날에는 권력이 집중되고 있는 대통령을 견제하는 기록평가의 제도도 없어졌고, 대통령 정면에서 용기 있게 직간(直諫)하는 정의로운 정치가도 사라졌고, 가신들은 이미 도망쳐 버린 지 오래다. 그 실정의 원인이 바로 도덕성에 있지 않은가? 그래서 우리는 바로 이 덕목에 맞는 선비 대통령을 뽑아야 한다는 것이다.

오늘날에도 미국에서는 링컨을 닮았다고 해야 당선된다고 한다. 그것이 바로 정의와 도덕성이다. 이 땅에서도 다시 한번 세종과 같은 국가지도자로서의 철저한 의무감과 안중근과 같은 비장한 각오가 있는 정치가가 나와야 할 것이다. 없다면 대통령

후보자들은 이제부터라도 그 덕목을 갖추어야 한다.

후보자들의 수백 가지 공약은 긴긴 시간 동안의 사전 선거전으로 서로 다 똑같아졌다. 그저 인물만이 다를 뿐이다. 그들이 주장하는 정권교체도 서로 섞여 있어서 불가능해졌고, 그리고 세대교체도 꿈같은 망상이 되었다. 결국은 이러한 정치적 숙원을 한꺼번에 해결할 수 있는 인물은 누구인가? 그것이 용기 있는 도덕성과 공평무사한 비전을 갖춘 21세기의 우리의 지도자이다.

프랑스 정치학자인 토크빌(Alexis de Tocqueville)은 그가 활동하던 1835년에 그 당시 프랑스 지식인의 무책임함을 한탄하면서 『미국에 있어서의 민주주의』라는 유명한 저서를 내놓았다. 그 책에서 그는 혁명 이후 프랑스 지식인이 "인간을 물질화시켰으며, 정의보다는 편의를 추구하고 있으며, 공인의 신뢰를 추구하기보다는 지식에만 도취되어 있다. 그래서 인격적인 정직한 덕성을 벗어난 번영만을 추구하기에 여념이 없다"라며 지탄하였다. 오늘날 우리나라의 지식인 또는 정치인을 대입해 보아도 틀리지 않은 지적인 것 같다.

한편 프랑스에서는 사회당의 조스팽(Lionel Jospin) 총리가 영웅으로 대접받았다. 그 이유는 한 가지 그의 정직성 때문이라고 한다. 그는 한 번도 말을 바꾸지 않은 유일한 정치가로서 늘 공약대로 하겠다는 말로 끝을 맺어서 60%의 지지율을 받았다. 그런데 우리는 아직도 '정직과 도덕성은 아무것도 아니고 그저 나만이 전부'라고 선거운동을 하고 있지는 않은가?

지폐 속의 선비들

〈용의 눈물〉에서부터 시작되는 조선왕조 519년 27대를 선도해 온 선비 중에서 청백리로 녹선된 사대부는 218명뿐이었다. 그처럼 청렴결백하고 공명정대했던 그 시대의 엘리트는 과연 어느 부처 출신이었을까? 놀랍게도 호조판서(戶曹判書) 출신이 제일 많았다. 오늘날의 기획재정부 한국은행 출신이다. 돈 만지는 관료가 제일 깨끗했다는 것이다.

두 번째로 많은 것은 공조판서(工曹判書) 출신이다. 국토교통부, 산업통상자원부 등 오늘날의 역군들이다. 세 번째로 많은 것이 형조판서(刑曹判書)를 지냈던 엄격한 법관들이었다. 오늘날의 대법원, 법무부, 검찰청 그리고 변호사들의 조상격이다. 그래서 조선조가 같은 유교권 국가들 중에서 중국의 명나라, 청나라나 일본의 도쿠가와 정권보다도 더 오래 체제를 지탱할 수 있었던 것이다. 그것은 총칼로는 유지될 수가 없다. 오직 그 시대의 윤리와 도덕을 솔선수범했던 지도자들의 선비정신으로 이루어졌다.

그런데 오늘날은 어떠한가? 못 하나 박지 않고도 서울의 남대문인 숭례문은 600년을 견디어 왔는데, 어찌하여 "역사를 바로 잡겠다"는 무시무시한 대법원 앞에서 분홍빛의 삼풍백화점은 단지 6년 만에 그렇게도 납작하게 무너진 것일까? 참으로 부끄럽다. 그러한 죄인들을 일벌백계해야 한다는 준엄한 국민감정도 그때뿐이지 흐물흐물한 대화 속에서 삭아버렸다. 그리하여 우리 국민의 생활 속에서 '교과서 없는' 시대가 오고야 말았다.

그러나 지난 시간 동안, 우리나라의 경제팀은 너무나 눈부신 역할을 했다. 특히 한국은행의 공인들은 우수했다. 그 은행에 발탁되기는 또 얼마나 어려웠던가? 이 나라 재무부의 공인이기도 하고 기업현장의 주역이기도 했다. 그리하여 세계적인 경제 선진화의 문턱까지 겁 없이 진출하게 되었다. 그래서 한국은행은 성공한 한국 자본주의의 상징이고 산실이고 전당이 되고 있다.

그런데 그곳에서 발행되는 지폐 속에는 바로 조선조 이래 600년의 선비 중의 선비의 초상화가 들어 있다는 것을 잊어서는 안 된다. 만 원 지폐에서 세종대왕을 우러러보고, 오천 원 지폐에는 이율곡을 모시고, 천 원 지폐에는 이퇴계가 계시다. 그렇기 때문에 한국은행은 비록 일제 시대의 석조건물 속에 있지만, 그들이 추구하고 있는 정신과 전통과 문화는 오히려 경복궁 육조 앞 넓은 길에서 혁혁했던 호조 사대부들의 선비정신을 이어받고자 하는 것이 아닌가?

세종은 경회루 옆에 초가삼간을 지어 놓고 그곳에 거처하며 수기치인 팔덕목을 솔선수범하셨다. 그래서 백성들은 "세종 같은 임금님에 황희 정승 같은 선비만 있으면 굶어 죽어도 신난다"고 사기(士氣)가 올랐다. 이율곡은 구도장원대감(九度壯元大監)이다. 아홉 번 국가시험을 쳐서 아홉 번 수석으로 합격했다. 아마도 그 당시 한국은행에 응시했어도 그해의 장원급제자는 율곡이었을 것이다. 과연 그분의 엄청난 인간적 역량을 형성한 스승은 누구인가? 바로 신사임당이시다. 시모시자(是母是子)이다. 그 훌륭한 어머니에 그 아들이었다. 율곡이 49세의 나이로 병조판서로 순직했을 때는 장례를 치를 쌀도 없었다고 한다. 참으로 청백리의 표상이 우리의 화폐 속에 살아 있다. 이퇴계도 많은 제자들을 청백리로 만들었다. 그는 낙향하여 안동에 서원을 만들고 학풍을 조성하였다. 퇴계의 뒤를 이어 청백리 전쟁지도자인 서애 류성룡이 나왔다.

이러한 선인들의 선비정신이 한국은행 지폐 속에서 숨 쉬고 있다. 다만 우리의 손아귀 속에서 헤프게 쓰이는 것을 그 선비들은 한탄하고 계시다. 그래서인지 한국은행원을 보면 고고한 선비의 기품이 배어 있다. 고압적이고 거들먹거리는 고위 관료 같지도 않고 예금을 유치하는 데 지쳐버린 금융인 같지도 않다. 언제나 거시적인 한국경제를 염려하고 있다. 아마도 선비의 수기치인 팔덕목을 자문자답하면서 그것을 자기도 모르는 사이에 익히고 나오는 것 같다.

첫째로 청백한가? 물론이다. 둘째로 근검한가? 경복궁 근정

전(勤政殿)의 뜻을 받아 '늘 부지런하고, 겸허하고, 사치스럽지
않았다.' 셋째로 후덕했나? 우리의 기복신앙의 물음 같기도 하
다. 언제나 통화 공급의 시혜 속에서 초아(超我)의 봉사를 다하
고 있다. 넷째로 경효가 있는가? 은행 속에서 상경하애의 질서
가 있고 행원 가정이 화목하다. 그리고 시중은행 업계에서도
'어른 노릇'을 성숙하게 하고 있다. 다섯째로 인의가 있느냐?.
한국은행원은 과연 살신성인의 애국심이 있는가? 아니 견리사
의의 정의감이 얼마나 있는가? 한국은행은 이 두 덕목을 합친
안중근 의사 같은 인의정신으로 국가 간의 은행 경쟁에서 우리
의 위상을 높였다고 봐야 할 것이다.

　이러한 선비론이 과연 오늘날 낡아 버린 기준인가? 아니다.
오늘날에도 빛나는 우리의 가치 기준이다. 생생한 패러다임이
다. 그래서 선비정신의 현대적 조명이 우리 한국은행에서도 살
아 있어야 한다. 이 덕목을 충족했느냐에 따라 승진이 이루어지
고 냉엄한 도태가 이루어진다. 왜냐하면, 이러한 우리의 호조문
화는 600년 우리 몸속에 이미 항상 숨어 있는 공인이 갖춰야
할 인격의 영원한 기준이기 때문이다.

　그래서 이 덕목은 대통령이 바뀌고 은행장이 바뀌어도 불변의
기준으로 빛날 것이다. 그리고 오늘날 세계화 시대에도 우리의
선비정신은 국제적 매너로서 보편성을 가지고 있다. 서구의 세
계적인 국제 로타리클럽 회원들의 오대 덕목인 'SMILE'의 내용
도 근검(Sincerity)과 후덕(More consideration)과 청백(Integrity)과

충성(Royalty) 그리고 인의(Enthusiasm)를 포함하고 있다.

이미 우리의 600년 선비정신 속에 자리 잡고 있지 않은가? 그것에 무심했던 우리가 잘못이다. 다만 경효만이 우리의 독창적인 고유의 것으로 뚜렷한데, 오늘날 하버드대학의 두웨이밍(Tu Wei-Ming) 교수가 말하는 '포스트 유교(Post-Confucianism)' 문화로 네 마리 용의 제2 자본주의를 성취케 한 덕목이다. 그래서 우리의 선비정신은 영원히 빛나는 덕목이 될 수 있는 것이다.

결론으로 이제 우리는 냉전과 이념의 시대에서 벗어났다. 바야흐로 문화와 전통의 충돌시대가 오고 있다. 선비정신을 내면화시켜서 자부심을 갖게 하는 것이 한국은행의 세계화이고 오늘날 '어글리코리안(Ugly Korean)'의 과소비 오명은 '선비즘'으로 씻어야 한다. 마치 일본이 이코노믹애니멀(Economic Animal)의 멸칭을 사무라이 정신으로 불식시킨 것과 같을 것이다. 그리고 조선총독부를 헐어 버린 그 새 터전 위에 우리의 홍익인간, 선비정신을 심고 민주 한국은행의 전통을 또다시 솟아나게 해야 할 것이다.

새 시대 노년의 새 과제

우리 노인 시대 사람들은 바로 '368선비세대'이다. 1930년대에 태어났으니 6.25전쟁 때는 태극기를 휘날리며 전선에서 처절하게 싸웠다. 그리고 1960년대에는 굶어 가면서도 조국의 근대화를 위하여 이 나라 새마을운동의 주역이 되었고 또한 5개년 경제계획을 일곱 번이나 하여 35년 동안 우리 조국을 일으켰다. 그리고 드디어 1988년에는 이 나라를 세계에 알렸다. 그것이 바로 '서울 88올림픽'이었다.

1930년대에 태어나, 6.25전쟁을 겪고, 88올림픽을 개최한 '3·6·8세대'인 우리들은 그 독특한 사명과 업적과 비전을 아직도 간직하고 있다. 그래서 오늘날의 실세인 386세대와는 다르다. 그뿐만 아니라 1990년대에는 '국민소득 만 불'을 돌파했다. 6.25 때 50여 달러 소득으로 세계에서 여섯 번째로 못 살던 나라를 오늘날에는 세계 10위의 경제 대국으로 만들었다.

우리 세대야말로 우리 조국을 위하여 살아생전에 무려 200배 경제 발전을 이룩한 세대이다. 그뿐만 아니라 평화적인 정권이양을 제도화시켜 세계에서도 호평받고 있는 민주국가의 틀을 만들었다. 그 세대가 이제 70세의 고희를 넘겨 사랑방에서 '노년세대' 신문의 애독자가 되었다.

오늘날 비록 우리 세대가 뒷전에 있기는 하나 우리의 유구한 민족사에서 보면 지난 반세기, 우리들의 50여 년이야말로, 대단한 시대였다. 우선 오늘날까지 우리가 살아 있다는 그것 자체가 기적에 가깝다. 무참히 쓰러진 그 선의와 그 많은 동료와 동족을 회상해 보자. 민족 수난의 증인으로 살아남아 있다는 그 자체만으로도 우리는 영웅인 것이다.

그 생존력이 강한 세대의 유전자를 받아서 태어난 세대가 바로 오늘날의 실세인 386세대이다. 그때 죽은 사람의 자손은 없으니까 말이다. 그래서 참으로 우리 세대가 그들의 존경과 감사를 받아야 할 때가 왔다. 그리고 우리는 그들을 사랑하고 지도해 주어야 할 것이다. 그러나 그 세대는 우리와 다를 수 있다. 우리의 민족적 비애와 고통을 해결하는 방법에 대해서도 이념적으로 세대 차를 느낄 수 있다. 그래서 우리 노인시대, 368세대가 할 일은 따로 있다.

이제는 냉전과 이념의 피비린내 나는 전쟁시대는 다 갔다. 공산당은 지구상에서 없어졌고 우리 세대의 반공 민주화 투쟁은 승리로 끝났다. 그러면 이제는 우리 민족의 새로운 진로와 과업을 위하여 무엇을 해야 할까? 오늘날이야말로 우리 민족 고유의 전통과 문화, 생활양식을 또다시 찾아야 할 때가 왔다.

122

이는 누가 해야 할 새로운 과업인가? 바로 우리 368세대의 할 일이다.

우리는 일제 때 태어나서 민족 해방의 기쁨도 체험하였다. 그리고 소년 시절에는 지난 500여 년 동안 동방예의지국(東方禮義之國)의 전통적 생활양식 속에서 그 가치관을 지키며 선비답게 살아오신 어른들을 보면서 자랐다. 또한 그것을 본받고 실천하면서 유교적 호학(好學)의 생활철학을 공부하며 검소하게 발전했다. 그리하여 서양의 여러 국가가 제국주의로 쌓아 올린 300년의 자본주의 경제 발전을 '유교적인 압축경제'를 성공시켜 30년 만에 따라잡은 '네 마리 호랑이' 가운데 한 나라의 일꾼이 되었던 것이다.

그러나 오늘날 우리 사회는 남북이 모두 병들고 있다고 한다. 북한은 봉건적 왕조정치에 미쳐 있고, 우리 남한은 물질만능주의로 부패가 심해지고 있다. 모든 것이 물질적이고 생리적인 욕구에 수렴되고, 하버드대학의 피티림 소로킨(Pitirim Sorokin) 교수가 염려했던 대로 감촉감각문화(感觸感覺文化) 속에서 빠져들어 돈과 권력, 집단과 종교 그리고 문란한 성(性) 문화에서 벗어나지 못하고 있다.

그래서 민족 통일이라는 우리의 지대한 과업도 사실은 남북이 같이 변하지 않으면 안 된다. 핵무기로도 안 되고, 경제원조로 퍼부어도 안 된다. 문화적으로 남북이 통일할 수 있는 우리 민족의 고유한 정신을 찾아내어 서로의 공감대를 형성해야 할 것이다. 그것이 바로 우리 민족이 수백 년 동안 간직해 내려온 우리의 선비정신이다. 그것은 우리의 몸속에 이미 오랜 시간 동안 저며져 있는 우리들의 정신이다. 그리고 선비정신의 부활은 우리 세대에 대한 민족적 요청이다. 이 선비정신의 공감대를 되찾는 것은 바로 우리 368세대의 할 일이다.

오륜과 오절의 고민

우리는 1930년대에 태어나서 소년 시절을 삼강오륜(三綱伍倫)의 사회 법도 속에서 성장했다. 그러나 김일성의 6.25 남침으로 그 가치가 무너지기 시작했다. 그리고 1960년대에는 경제 발전을 위하여 빨리빨리 속성의 효율성만을 따지다 보니 그 오륜의 윤리적 명분이 번거로워졌다. 그리고 1980년대에는 너무나 자신 있게 세계화를 부르짖다 보니 반대급부로 우리 전통문화와 오륜의 가치는 땅에 떨어지기 시작했다. 여기에 우리 368세대의 새로운 고민이 생겼다.

심지어는 "공자가 죽어야 우리가 잘 산다"라는 학자도 나왔다. 어떻게 오늘날 그 우리 생활문화의 철칙인 삼강오륜이 서울 오륜(伍輪) 대회를 치르고 나서 우리 사회윤리의 오절(伍絶) 시대를 맞이했던가? 그렇다고 그 옛날로 돌아가자는 복고주의는 아니다. 다만 우리의 문화전통을 또다시 긍정적으로 재평가하여 올바른 생활문화를 다시 복원하고 그 위에 튼튼한 자유민주 자본주의 새 국가를 세워 보자는 것이다.

우리가 8.15 해방의 감격과 그날을 회상할 때면 김기림(金起林)의 시 〈오! 우리들의 8월로 돌아가자!〉가 생각난다. 남들이 모두 부러워하는 나라를 만들겠다는 맹세가 호기롭고 거침없다.

> 끝없는 노염 통분 속에서 빚어진
> 우리들의 꿈 이빨로 묻어뜯어 아로새긴 형극
> 아무도 따를 이 없는 아름다운 땅 만들리라
> 하늘 우르러 외치던 우리들의 8월
>
> 부리는야 부리우는 이 하나 없이
> 화해와 의리와 착한 마음 꽃처럼 피어
> 천사들 모다 부러워 귀순하는 나라
> 내 8월의 꿈은 영롱한 보석 바구니

그러나 그 해방 이후 우리 사회의 혼란상을 목격하면서 이미 원로 유학자 선비들은 오늘날 우리들의 고민을 예견하면서 뜻 깊은 오절 시를 읊었다. 앞으로 우리 사회는 "부자유친삼팔절(父子有親三八絶)이요, 군신유의민주절(君臣有義民主絶)하고, 부부유별동등절(夫婦有別同等絶)한데, 붕우유신사상절(朋友有信思想絶)이라, 장유유서자유절(長幼有序自由絶)"로 혼탁한 사회풍조에 빠질 것이다. 이 예언은 지난 시간 동안 냉전체제 아래서 정확하게 맞아떨어졌다.

해방은 됐어도 우리의 힘이 없었으니 남북이 38선으로 분단되어 우리 전통의 가족주의에 치명적인 타격을 주었다. 반백 년이 지나서 겨우 이산가족 상봉의 비애를 TV로 봤다. 국가에 대한 충성심과 인의(仁義)의 가치관도 이제는 북한의 김씨 왕조에 대한 광적인 충성과 남한의 서구적인 민주정치로 빛을 바랬다. 국가지도자에 대한 존경을 모르는 사회로 전락해 갔다.

오늘날 우리 가정의 질서는 아직도 혼란 속에서 흔들리고 있다. 오히려 이혼율을 남녀 동등의 지표로 자랑삼아 언급도 한다. 뿐만 아니라 더 이상 우리들의 친구를 믿을 수 없게 되었다. 공산주의와 자본주의 대결의 최첨단에서, 소위 냉전과 이념의 갈등 속에서 옛 친구는 사상적으로 갈라졌다. 그리고 우리끼리 싸우면서 서로 목숨을 걸었다. 남북 투쟁에 더해 남남의 사상적 선동 갈등은 지금도 더욱 심각해졌다.

우리에게 사회적, 도덕적 그리고 윤리적 질서가 있는가? 지하철의 노인석도 지키기가 힘들다. 질서보다는 자유가 우선이다. 사회와 효율적으로 단절된 아파트 생활문화에서 나온, 소위 감촉감각문화 속에서 자기 개인 생존의 지존(至尊) 가치를 오직 물질적이고 생리적인 만족에만 두고 있는 오늘날의 사회풍조에서 노인 존중 또는 장유(長幼)의 선후배 질서와 정서는 찾아보기 힘들어졌다.

그러면 우리의 통일 한국의 윤리적 원동력은 무엇인가? 아직도 서구의 계약 사회, 개인의 절대적 권리, 그리고 방종에 가까운 자유와 합의를 우리 것으로 믿고 있는가? 이것은 우리와 전혀 다른 서양 세상의 생활방식이었다. 우리는 이것을 다시 한번 똑바로 자각해야 할 때가 왔다. 우리에겐 수백 년 동안 우리 몸속에 이미 항상 배어 있는 전통 선비사회의 도덕과 윤리성이 따로 있다. 일상생활 속의 상경하애(上敬下愛), 웃어른 공경 등의 사회미풍이 또다시 우리 생활 속에 물결처럼 넘쳐 흘러야 행복하다. 새로운 오륜이다.

이것을 위하여 지난 반백 년 동안 이어진 '삼강오륜의 오절시대'를 극복하고 우리의 전통적 생활문화를 재해석·재평가하여 오늘에 맞는 올바른 전통의 오륜 복원과 그에 따른 올바른 자유주의를 실현해야 할 것이다. 이것이 진정한 온고지신(溫故知新)[1]이요 법고창신(法古創新)[2]이다.

---

1 옛것을 익히고 그것을 미루어서 새것을 앎.
2 옛것을 본받아 새로운 것을 창조한다.

제5부

공인,
선비가 되어라

공인과 오적

우리나라 공직사회에는 다섯 가지 적(敵)이 숨어 있다. 그 공적(公敵)들은 이 사회를 이끄는 공인(公人)들의 행태와 생활 속에 이미 깊숙하게 만연되어 있다. 보이지 않는 이 오적(伍敵)들은 법으로도 잡을 수가 없다. 오직 철저한 자기반성과 냉혹한 추방운동으로 소멸시키지 않으면 안 된다.

그중에서도 '무이념, 유생존(無理念, 唯生存)' 하려는 의식부터 없애자. 자기 직책에 대한 신념도 없이 그저 적당하게 주어진 공직자의 특권 속에서 오래만 붙어서 생존해 보자는 것이다. 그들은 이것이 보통 기술로서는 안 된다고 자랑한다. 일종의 도사(道士)라는 자존(自尊)의 칭호까지도 그 직장 속에서 창조해 냈다. 의욕에 찬 동료와 충직한 후진들을 비웃으면서 점잖게 찬물을 끼얹고 산다. "해봐야 별수 없고, 너만 손해"라는 충고를 일삼으면서 그 직장의 기쁨을 도살하는 '조이 킬러(Joy Killer)'의 역할만을 하고 있다.

마치 차들이 질주하는 고속도로 위에서 길을 가로막고 있는 사고 난 차와 비교할 수 있겠다. 그 무게는 덤프트럭보다 무겁고, 거드름 피우듯 옆으로 길게 누워 있는 모습이다. 봉사와 보람을 잃은 공무원들, 이념도 애교심도 없이 권태에 빠진 교육자들, 배가 불러서 신령이 나오지 않는 성직자들, 민족적 비애와 고통을 외면한 채 오직 술수만으로 연명하고 있는 정치꾼들, 그리고 오직 돈의 논리에만 따르는 국가관 없는 기업의 지도자들…. 각계각층을 돌아보면 어쩌면 이렇게도 골고루 잘 퍼져 있는지. 이것이 우리의 큰 적이다.

둘째로 '무자존, 유예속(無自尊, 唯隷屬)' 속에서 벗어나자. 자기 직책과 책임에 긍지를 갖지 않고 오직 권력자에게만 매달려서 쉽게 권한을 행사하려는 교활한 태도를 없애야 한다. 누구를 위한 공인인가? 국민을 위한 일에 소신 있게 결정을 못 내리고 상부의 지침에만 의존하면서, 그 책임을 전가하는 의존파들, 강의에는 충실하지 않고 임명권자에 종속되어 버린 교수들, 어느 직장에서나 파벌 싸움을 일으키는 사이비 정치꾼들…. 아직도 우리의 공인풍토는 일제 시대의 예속적인 관료 근성을 청산하지 못하고 있다. 그 관례, 그 태도, 그 문화가 아직도 살아서 숨을 쉬고 있다. 국사(國事)에 대한 자존이 약하고 오너(owner)에 대한 충성이 너무 강하다. 그래서 비굴하고, 피동적이다.

셋째로 '무명성, 유수직(無名聲, 唯守職)'해서도 안 된다. 공인으로서의 명성과 명예에는 관심이 없고 오직 자리만을 생명처럼 지키고 앉아 있어야 한다는 가치관이다. 자리를 위해 생존하지, 업적과 성취를 위해 헌신하지 않는다. 학계엔 명성이 없어도 보직교수만 하면 그만이다. 일본이나, 프랑스 등의 세계적인 공직자들과 명예를 걸고 능력을 비교할 필요도 없이 그저 고시에 의한 고시 출신 관료만 되면 된다는 의식구조이다. 고루한 관료주의의 배타적인 인습이다. 그것 때문에 국민은 또 한번 양해하며 참아야 한다.

넷째로 '무업적, 유아득(無業績, 唯我得)'을 바라지 말아야 한다. 될 수 있는 대로 일을 피하고, 될 수 있는 대로 많이 이득을 차지하자는 요령이다. 진정한 업적이 없을수록 자기승진에는 혈안이 되는 파렴치한 태도이다. 더욱 중요한 것은 '성근시보(誠勤是寶)'로 자기의 성실과 근면 속에 보배같이 빛나고 있어야 하는 법인데, 이 적은 업적에는 관심 없고 배경과 보직의 엽관(獵官)에만 신경을 쓰고 있다. 여기에 공직사회의 단합이 깨진다. 연구와 교육업적이 없는데도 교수 승진만을 바란다. 그래서 우리 대학 수준을 '조직화된 위선체'로 만들고 세계 3류 대학군으로 머물게 하고 있다.

다섯째로 '무주업, 유부업(無主業, 唯副業)'을 하지 말자. 요즘에는 주객이 전도되어 주업에는 관심 없고 그 직책을 이용한 부업과 부수입에 여념이 없다. 과거 이 나라 장관은 선거구 관리에 정신이 없었고, 국회의원은 빚 갚느라 돈벌이 이권에 여념이 없다. 공무원은 비리를 전공하고, 교수는 큰 기업에 이미 고용되고, 정당의 연구원이 되어 있다. 그 부업 때문에 각자의 직장은 텅텅 비어 있다. 그래서 주인 없는 대학에서 학원 문제는 심각해졌다. 도대체 정규 대학생의 교양과 인격교육은 소홀히 한 체, 오직 수료장만을 아쉬워하는 연수과정에만 정성을 다하니, 전통 있는 대학 이름의 매매행위가 그들의 주업이 되어 버렸다.

이제 진정한 공무원과 참다운 교육자, 진실한 기업가가 햇빛을 볼 수 있는 시대가 와야 한다. 사실 누구나 이 오적에 시달려 보지 않은 사람은 없을 것이다. 그러나 과연 오늘날에 와서 누가 누구에게 돌을 던질 수가 있을 것인가? 나 역시 피해자고, 가해자이다. 참으로 우리 전체의 병으로 모두가 시달려 왔다. 그래서 우리 의식 구조 속에서 이 오적을 추방하는 일이야말로 온 우리 민족의 새 생명을 창조하는 것이나 다름이 없다.

때는 동서냉전이 끝나고 바야흐로 새로운 민족 통일의 조국을 창조하고 있다. 이제야말로 우리 공직사회가 해맑고 떳떳하게 국민과 세계문화 조류에 공헌할 때가 왔다. 새 시대에는 우리의 공직이 그 어느 때보다도 강한 신념과 자존심을 가지고 세계적으로 업적을 발휘해야 한다. 그것이 바로 우리 공직사회의 주업이고 이 사회에서 가장 우수한 제도적 집단의 사명이며 우리 정부가 최후로 해야 할 일이다.

한국의 선비정신과 공직윤리

인생은 길고 보직은 짧다

나는 어렸을 때 프랑스의 작가 알퐁스 도데의 작품 「마지막 수업(La Dernière Classe)」를 읽고 감동을 받았다. 프랑스의 국경지대인 알자스 로렌 지방에 프로이센 군대가 쳐들어와 학교에서 프랑스어 수업을 금지하고 독일어를 배우게 한 것이다. 그러자 학교의 교장 아멜 선생님이 학생들에게 마지막 수업을 하면서 "나라는 망해도 언어만 간직하고 있다면 마치 감방에 있는 죄수가 열쇠를 가지고 있는 것과 같다"라고 한 후, 칠판에 힘주어 "프랑스 만세(Vive la France)"라는 문구를 적었다. 그러고는 힘없이 "이제 끝났다. 어서 돌아가거라(C'est fini, allez-vous-en)" 하면서 손을 젓는 마지막 장면이 멋있었다. 이것이 비록 짧은 단편소설이지만, 얼마나 프랑스의 애국적인 인상과 프랑스어의 자긍심을 세계적으로 올려놓았을까? 문득 공인의 긍지를 설명하기 위해서 이렇게 「마지막 수업」을 소개하게 되어서 기쁜 마음이 든다.

"인생은 짧고 예술은 길다(Life is short, art is long)"라는 문구가 있다. 이것은 「마지막 수업」만큼이나 유명한 명언이다. 그런데 나는 이 명언과 좀 다른 생각을 가지고 있다. 어느새 나도 퇴역을 하고 내 삶을 살다 보니, 우리에게 '인생은 오히려 길고, 현역의 관직이 너무나 짧다'는 것을 느끼게 된 것이다.

나는 39년을 공직사회에 있었다. 육사에 30년 동안 몸담았고, 두 곳의 대학에서 8년을 총장으로 일하고 공직에서 물러났다. 이렇게 한길을 오랫동안 걸었어도 너무나 짧았던 것만 같다. 그래서 나는 현역의 후배 공무원들이 부럽다. '죽어 봐야 저승길을 안다'고 아마 지금은 일이 고되다 여겨지더라도 공직에서 물러나 보면 그 심정을 알게 될 것이다.

그러니 어떤 계급, 어떤 직책을 막론하고 현역으로 국가적 책임을 당당히 수행하는 후배 공직자들의 모습을 옆에서 보고 있으면 그들이 멋있고, 자랑스러워 보인다. 그런데 계급 고하를 막론하고 관직은 우리의 인생에 비하면 너무나도 짧다. 바로 그렇기 때문에 '주저하지도 말고, 후회도 없이' 밀도 있게 공직 생활을 누려야 하는 것이다.

특히 오늘날 공직에서 현역에 있다는 것은 더욱 특별하다. 그 이유는 첫째로 탈냉전의 시대가 찾아왔기 때문이다. 해방 후 50년에 가까운 너무 오랜 시간 동안 이 땅에는 전쟁과 싸움이 끊이지 않았다. 그러나 이제부터는 이념의 논쟁보다는 우리의 문화와 전통을 되찾아야 할 때가 왔다. 두 번째로 우리는 탈근대화(Post modernism)의 시대로 돌입하기 시작했기 때문이다. 이제는 선진화를 도모하고 세계로 뻗어 나가야 한다. 그러기 위해서는 우선 우리 고유의 '한국화'가 선행되어야 한다. 이제부터라도 우리 역사 속에 빛나는 '이도(吏道)' 그리고 '선비정신'을 돌이켜 볼 때가 왔다는 것이다. 그리고 셋째로 우리가 식민지 의식구조에서 탈출하기 시작했다. 그러니 이제부터는 극동의 국제정치에서 다시는 강대국 권력정치의 '객체(客體)'가 되지 말고 당당한 '주체(主體)'가 되어야 한다. 그리하여 세계적으로 중심적인 국가의 역할을 하여야 할 것이다. 아마도 조선총독부를 1995년에 부순 것도 이러한 시대적 계기를 마련하는 것이라고 생각된다.

이렇게 공직자의 승진과 사명과 비전에는 시대적으로 남다른 의의가 있다는 것을 자각해야 할 것이다. 그리하여 앞으로 다시 새로운 한 번의 50년을 위해 우리 공직자들은 열성을 가지고 우리 고유의 인본주의적인 이도문화와 선비적 전통을 세계적으로 선양해야 할 것이다.

조선총독부의 철거와 경복궁의 복원

76회의 3.1절 행사는 일흔여섯 번째의 독립선언문을 낭독한 것인데 그 행사 내용이 파격적이었다. 대통령이 직접 나와 뜨거운 기념사를 하고 나서는 그곳에 참석한 국무위원, 국회의원 그리고 장군들을 비롯한 각계각층의 지도급 인사들이 모두 세종문화회관 밖으로 나가서 이순신 장군 동상이 서 있는 육조(六曹) 네거리에 모여 중앙박물관을 바라보면서 북쪽 방향으로 전진하였던 것이다. 마치 한이 서린 3.1 만세 행진을 또다시 해보듯이 그 거대한 행렬은 옛 조선총독부 건물 앞마당에 운집했다. 광장에는 크고 흰 무대를 만들어 놓았고 그 위에서 신세대 젊은 이들이 춤을 추고 있었는데 꼭 무슨 한풀이라도 하는 것 같았다. 그러니까 그날이 바로 1995년 제76회 3.1절 행사가 열린 날로, 기념식 이후 옛 조선총독부 건물을 때려 부수어 없애겠다고 철거를 천명한 날이기도 하다.

나 자신은 그것이 참으로 감격스러웠다. 개인적인 이야기를 약간 더하자면 내가 태어난 곳은 바로 그 옆 동네였다. 나는 지금의 통의동 파출소 뒤에 있는 통의동 62번지에서 나고 자랐다. 그러니 어렸을 때부터 나는 그 옛날 조선총독부 건물을 보아왔고 또 그곳에서 놀기도 하였었는데 60세의 나이를 넘기고 나서 그 건물을 헐어 버리는 행사에 참석하였으니…. 사실 그것이 동양의 건축물로서는 굴지의 석조건물이고, 해방 후에 6.25전쟁을 비롯한 깊은 역사가 서린 유서 깊은 건물로 기념할 수도 있겠지만, 해방 이후 일본의 행태를 보건대 이곳을 찾는 일본인 관광객들의 우월감이라 할까, 그들이 총독부 시절의 향수를 사진으로나마 마지막으로 담아 간다는 생각을 하면 먼 훗날 우리의 민족정기를 위해서도 시원하게 철거하는 것이 의

미가 있었다.

그러고 보면 우리 한국 사람은 참 무섭게도 실리보다는 명분에 강한 민족이다. 만일 그때 그 건물을 매각이라도 했다면 아마도 일본 사람들이 입찰에 참여하였을 것이다. 그러나 그 옛 조선총독부 청사 건물이야말로, 우리 손을 부수어 없앴기 때문에 비로소 돈으로도 살 수 없는 추상같은 민족정기를 느낄 수 있는 것이고 우리 후손에게도 부끄럽지 않은 것이었다.

나는 그 행사에 참여하는 동안 문득 심훈의 〈그날이 오면〉이란 시가 떠올랐다. 왜냐하면, 시에서 말하는 바로 "그날"이 오늘에야 온 것이기 때문이다. 그 시의 내용이 그대로 우리 눈앞에서 실현되고 있었다.

그날이 오면, 그날이 오며는
삼각산이 일어나 더덩실 춤이라도 추고,
한강물이 뒤집혀 용솟음칠 그날이
이 목숨이 끊기기 전에 와 주기만 하량이면
나는 밤하늘에 날으는 까마귀와 같이
종로의 인경을 머리로 들이받아 울리오리다.
두개골은 깨어져 산산조각이 나도
기뻐서 죽사오매 오히려 무슨 한이 남으오리까?

얼마나 처절한 시인가? 가슴 아주 깊은 곳에서부터 피가 솟아

오르는 절규가 아닌가? 그 시를 읊으면서 오늘부터 이 괴물을 때려 부숴버리는 행사를 하는 것이다. 시의 그다음 2절은 더욱 우리의 가슴을 도려 주는 듯한다.

그날이 와서 오오 그날이 와서
육조 앞 넓은 길을 울며 뛰며 뒹굴어도
그래도 넘치는 기쁨에 가슴이 미어질 듯하거든
드는 칼로 이 몸의 가죽이라도 벗겨서
커다란 북을 만들어 들쳐 메고는
여러분의 행렬에 앞장을 서오리다.
우렁찬 그 소리를 한 번이라도 듣기만 하면,
그 자리에 꺼꾸러져도 눈을 감겠소이다.

이 얼마나 섬뜩한 한에 서린 시 구절인가? 이 시는 1932년에 쓰였다. 그때는 내가 태어날 때쯤이다. 심훈은 1919년 3.1 만세를 부를 그 당시 화동의 경기중학교 3학년 학생이었는데 서울역까지 앞장서서 대한독립 만세를 부르다가 퇴학을 당했다. 그 무시무시한 일제하에서 낙인이 찍혀졌으니 발붙일 곳도 없었고 스스로 어렵게 살았지만 그런 와중에도 그 유명한 『상록수』의 책을 내어 농촌운동에 불을 댕겼다. 최후로 이 시를 쓰고 4년 후인 1936년에 작고하였으니 그해가 바로 베를린 올림픽에서 손기정 선수가 월계관을 썼을 때였다. 참으로 심훈의 시는 바로

1995년의 '그날'을 기다리고 있었나 보다.

삼각산, 한강물, 육조 거리, 서울의 보신각 인경소리, 숭례문…. 모두 다 우리 국가공무원들이 애착을 가지고 있는 것들이며 앞으로도 잘 지켜야 할 우리의 민족적인 가치이다. 그래서 그날의 조선총독부 철거 행사는 한마디로 탈식민지 행사였던 것이다. 그렇게 형태적으로는 건물이 없어지게 되었다. 그러면 이제 그곳에 들어설 우리의 정신적인 이념은 과연 무엇일까? 과연 그 빈 자리를 어떤 이념으로 채워야 세계화를 지향하는 이 나라에 걸맞는 것일까?

이제 경복궁이 다시 그 자리에서 살아나온다. 1394년, 지금으로부터 약 600여 년 전에 이성계가 북한산의 정기를 받아 이곳 한양에 도읍을 정하고 세운 '큰 복의 집' 경복궁이 복원된다. 그동안 그 민족정기를 가로막은 고층의 조선총독부가 없어지면 수려한 북악산 기슭에 자연스러운 기와집의 궁궐이 나오게 된다. 청기와와 거대한 소나무 기둥 그리고 하늘을 향해 멋있는 곡선을 그리는 추녀가 우리의 긍지를 치켜 준다.

비록 그 외관만 본다면 중국의 자금성이나 일본의 오사카성보다 소규모이고, 세계적 관광지가 못 되고 있다. 그렇다면 과연 그 경복궁에서 세계의 관광객들은 무엇을 느껴야 할 것인가? 물론 앞으로 우리의 문화를 더욱 새롭게 단장하여 한국의 미를 선전할 것이다. 그러나 우리는 그 경복궁 터에서 일본과 중국이 도저히 따르지 못하는 역사를 느껴야 한다. 아니, 어떻게 정치를 했기에 세계 근세사에서 한 정권이 519년 27대를 유지할 수 있었던가? 이것은 결코 우연한 일이 아니었으며 또한 굉장히 대단한 일이다.

일본의 도쿠가와 정권은 15대로 250년을 넘기지 못했다. 우리가 사대했던 중국의 명나라와 청나라도 각각 300년도 안 되어 멸망했다. 그들의 이웃이었던 우리 조선이 그들보다 약 두 배의 시간 동안 오래도록 하나의 정치체제를 유지했던 비결은 무엇인가? 바로 그것이 경복궁을 빛나는 문화적 명소로 만들어주는 내용이 될 것이다.

조선이 500년 이상 그 체제를 견지할 수 있었던 데에는 외형적인 궁궐의 규모보다도 그 속에서 국왕을 받들고 정사를 봤던 사대부, 선비들의 힘이 컸다. 그들의 윤리적이고 도의적인 성리학의 가치관이 철저하게 실천되었기 때문이다. 그것이 바로 긴 역사를 자랑하는 조선왕조의 독특한 '인적 역량(human-were)'이었다. 다시 말하면 그 당시 국가공무원들의 군자적인 수양과 공명정대하고 청렴결백했던 선비정신의 업적이었다.

우리는 해방 이후 새로 등장한 현대인으로 스스로를 생각하지만 사실은 이도문화의 후손이다. 이는 대한민국 여러 정부청사의 아주 가까이에서 손쉽게 느낄 수 있다. 그 역사는 결코 단절되지 않았다. 우리 공무원의 체질 속에는 면면히 흘러내려온 선비의 전통이 몸에 배어 있다. 행정안전부에서 오신 분은 이조(吏曹)에서, 기획재정부 호조(戶曹)판서가 보낸 것이다. 이

142

러한 뿌리를 다시 찾아야 우리 공무원의 정통성과 세계화를 위한 한국화가 힘을 발휘하는 것이다.

전통문화와 세계화

1995년, 김영삼 대통령은 3.1절 기념식을 끝내고 곧바로 "세계화"를 제창하면서 유럽 G7 선진국 순방 길에 올랐다. WTO체제에서 세계의 경제 협조가 중요했고 더구나 세계화의 시대를 맞아 국경도 관세도 이전과 같이 필수가 아닌 국제 경쟁시대가 왔다. 그래서 대통령도 앞장서서 가방 들고 세일즈 외교로 나서야 된다는 것이다. 그런데 TV를 보니 그렇지 않았다.

김 대통령은 유럽의 최후의 자유주의 지도자인 프랑스의 미테랑 대통령을 공항에서 만나고 그 유명한 엘리제 궁전에서 국빈 대우의 의장 행사를 받았다. 그런데 그 행사 내용이 무엇이었나? 프랑스의 절대군주였던 루이 14세가 만들어 놓은 엘리제 궁전에서 나폴레옹 군대의 창과 칼을 든 기병대의 의장 행사였던 것이다. 오늘날 하늘에 떠있는 우주 위성도 그것을 우습게 보면서도 현지에서 우리에게 중계하고 있는 것 아닌가? 그러니 경제 교류에 앞서, 우선 위대한 프랑스의 문화와 전통을 느껴보라는 것이었다!

그다음 영국 런던에 도착하니 런던 시장이 김 대통령에게 아침을 대접하는 장면이 TV에 나왔다. 그 오찬 식탁 뒤에는 밥맛이 떨어지게도 무사가 큰 도끼를 들고 서있었다. 노회한 대영제국에서도 국가귀빈에게 우선 먼저 그들 민족의 전통적인 관례를 느껴 보라는 것이었다. 이와 같이 WTO체제하에서도 또는 세계화의 추세에서도, 국가 간 전통문화에 대한 자부심과 경쟁은 참으로 대단하다. 아마도 그런 세계적으로 내보일 수 있는 문화와 전통이 있어야 G7과의 상담이 가능한 것 아니겠는가?

그러고 보면 통신 위성을 통하거나 혹은 정보를 전송하는 데 있어서는 현상적으로 국경을 초월하는 세계화가 가능해도, 아직도 선진국 간의 민족주의나 무역전쟁, 종교전쟁은 상존하고 있으며 각국의 개혁이나 인권 그리고 개개인의 가치관 변화는 아직도 엄연히 세계를 혼란케 하고 있다는 것을 소홀히 봐서는 안 될 것이다.

그래서 그랬는지 김 대통령이 귀국한 뒤 한국에서 열린 IPI총회, 그 개회식을 어디에서 했는가? 인터콘티넨털 호텔? 아니다. 바로 경복궁의 근정전(勤政殿) 앞뜰이었다. 그렇게 세계의 '뉴스 메이커'들이 모이는 총회의 의장 뒤에는 "정치를 부지런히 겸허하게 하겠다"는 근정전의 모습이 나오게 되었다. 그 장면을 통해 세계로 우리의 문화와 역사가 세계로 전파되는 것이었다. 그리고 유럽의 파리나 런던에는 산이 없다. 그들에게 우리의 인왕산과 북악산의 운치를 보여주었다.

그뿐이던가? 나폴레옹 군대의 창과 칼, 런던 타워의 도끼 같은 무례한 무기는 없고 그 대신에 우리는 노란색 두루마기에

꿩 털을 낀 갓을 쓴, 호적대와 문사(文士)의 선비들이 도열하고 있었지 않았는가? 그 장면은 전 세계에 홍보되었 것이다. 그 한 장의 사진에 적어도 600년 우리 역사를 담아서 각국에 보낸 셈이다. 이런 것이 한국화이고 세계화 운동이다.

요즘 젊은이들을 대상으로 설문조사를 받아 봤더니 놀랍게도 29%가 "세계화는 무역을 해서 잘 먹고 잘 사는 것이 아니라 바로 진정한 한국화를 체득하는 것이라"고 나왔다고 한다. 신세대들이 똑똑하다. 그게 맞는 것이다. 누가 세계화를 하는가? 그 주체가 누구인가? 바로 한국화된 인물이 하는 것이다. 그냥 선진국을 따라 모방만 하고 피동적으로 발전만 하면 그것은 발전이 아니라 식민지가 되는 것이다. 그래서 우리는 내면화 된 긍지를 가지고 우리 행정관료의 스타일도 다시 찾아 나서야 한다는 것이다.

그것이 바로 경복궁의 주인공이었던 선조들의 600년 역사의 소프트웨어이다. 그 당시 사대부인 국가공무원들의 자긍심과 사고방식, 그리고 다양했던 관례와 제도들, 그리고 윤리와 도덕성 등이 어떻게 위민정치 현장에서 작용했던가? 그리고 그것이 오늘에도 되새길 필요가 있는가? 그 600년 정치의 언행과 기록이 하루도 빠짐없이 『일성록(日省錄)』에 기록되어 있고 조선왕조실록 888권 속에 수록되어 있다. 이러한 이도문화의 전통은 현대 국가공무원의 언행 속에도 도도히 흐르고 있는 것이다.

제2의 자본주의와 유교 전통

선비정신을 강조하는 이야기에 사람들은 아마도 "아이고 그게 무슨 소리냐? 선비 때문에 나라가 망했는데 선비를 오히려 선전하느냐?" 또는 "민주화 시대에 무슨 사대부 선비의 계급론이냐?"라고 반문할 것이다. 오늘날의 공무원들은 오히려 선비와 우리의 전통을 통렬히 비방하면서 더욱 서구화하고, 민주화하고 효율화하는 것이 훨씬 빨리 출세하는 길이라고 생각할 것이다. 어떻게 보면 옳고 지당한 말이다. 그리고 실제로 지난 시간 동안 우리 공무원들은 그렇게 해 왔다.

나는 1963년부터 1965년까지 미국 국무성의 초청을 받아 동서문화연구소(East-West Center) 장학금으로 하와이대학에서 공부하였다. 그곳은 세계적으로 유명한 학자와 지도자감을 많이 선발해 왔다. 그때 서울대 행정대학원을 창설한 박동서, 유훈, 조석준 교수 등이 그곳에서 박사논문을 쓰고 있었다. 그 후 그들은 미네소타대학에서 박사학위를 받고 오늘날까지 한국 행정계에 새로운 행정학을 철저하게 전도해 왔다.

과연 우리나라는 그러한 합리적인 행정기술의 도입을 통해 경제적 부흥을 이루었으며 세계적으로 10대 무역국에도 들게 되었다. 최첨단의 행정학으로 효율성을 유지하면서 합리화된 사회를 만들고 눈부신 경제 발전을 해낸 것이다. 이 모두에 그 서구식 행정학의 공로가 매우 컸다. 세계적인 권위를 자랑하는 스위스은행연합(Union Bank of Switzerland) 보고서는 세계에서 가장 "국가경쟁력"이 강한 나라로 한국을 주목하였다.

　그 이유로서 꼽은 것이 첫째가 세계 최고의 교육열, 둘째가 전통 있는 가족제도, 셋째가 어느 국민보다도 성취감이 강한 민족이라는 것이다. 우리의 신바람은 무서울 정도라고도 하였다. 그런데 가만히 생각해 보면 이러한 특성은 바로 유교국가의 가치관이 아닌가? 지난 세월 우리의 기적적인 경제발전도 그 근본은 민주화나 효율성보다도 유교문화의 엘리트 의식과 사명감이 발동한 것에 있는게 아닐까?

　미국의 하버드대학에서도 이러한 유교적인 경제발전을 연구하고 있다. 1960년대부터 아시아 "네 마리 용"의 발전을 "제2의 자본주의"라고 하며 세계적인 연구를 하고 있으며 아마도 머지 않아 미국의 보스턴이 학술적으로 유교의 중심지가 될지 모른다고도 한다. 그런데 그 정작 유교의 원산지에서는 그 가치를 오히려 소홀히 하고 있다고 지적한다. 특히 한국에서는 그 유교와 선비 때문에 나라마저 망했다고 주장하고 나아가 그들 지도자의 자식들을 서구 선진국에 보내고 있다고 한다. 이와 같이 우리의 기성세대들이 나서서 오히려 우리의 전통 기반을 깎아내리고 나면, 어떻게 선진국에서 돌아오는 다음 세대의 후손들을 우리 문화적 기반 위에 올려놓을 수가 있겠는가?

　이것이 '해방 50년'의 문제이었고 또한 '앞으로 50년'의 과제이다. 우리는 아직도 일본이 만들어 놓은 식민사관에서 온전히 벗어나지 못하고 있다. 비록 36년 동안 사대부들의 실책으로 국권이 상실된 것을 그렇게 원망한다면, 무려 2000년 동안이나 나라 없이 박해를 받은 유대인들은 어떤가. 그러나 그들은 조상과 문화를 탓하지 않는다.

오히려 구약성서라는 그들의 역사를 젖먹이 아기 때부터 어머니 무릎에 올려놓고 불어넣으며 결국 오늘의 이스라엘을 만들었지 않은가? 탈무드는 오늘날에도 그들의 철저한 생활규범이다. 마치 우리의 선비정신과도 같다. 그런데 그들과 달리 왜 우리는 선비정신과 자랑스럽게 일체화되지 못하는 것인가?

그것은 아직도 우리가 일본제국이 만들어 놓은 '식민사관'의 영향을 받고 있기 때문이다. 일본인들은 선비정신이 그들의 사무라이 문화보다도 강하다는 것을 잘 알고 있다. 그리고 그것은 미국에서도 연구의 대상이 되고 있다는 것을 우리는 알아야 하겠다.

이제 그 행정대학원의 기틀을 잡은 초대 교수들도 모두 완전히 은퇴하였다. 해방 이후 우리는 그저 선진국을 따라가느라 정신이 없었다. 이제는 새로운 선진국의 행정학을 무조건 적용하기보다는 오히려 우리 민족의 문화에 맞는 편안한 행정학을 찾아야 할 때가 왔다. 선진국에서도 나라마다 그 나라의 전통을 존중하고 고유의 독창성을 살리는 행정학을 발전시키고 있다고 한다. 그렇다면 우리는 선비의 계급적 측면보다는 공인으로서의 선비정신을 오늘의 실정에 맞게 연구하여야 한다.

공무원의 삼중고와 원동력

우리나라 국가 발전의 주역은 누구인가? 정치학적으로는 제도적인 이익집단의 힘이 컸다. 국가공무원, 경찰, 그리고 군인이 신생국 시대에서는 이 나라의 등뼈가 되었다. 그리고 오늘날과 같은 발전의 원동력은 어디에서 나왔을까? 흔히 우리 사회에는 네 가지 거대한 에너지가 있다고 한다. 그것을 4대 원동력이라고 불러 보자.

그 첫째가 교육 에너지이다. 우리는 해방이 되자마자 그 무엇보다도 먼저 의무교육을 실시한 나라이다. 국민소득이 거의 없을 때부터 방방곡곡에 학교를 세워 기회균등의 교육 욕구를 채웠다. 그리고 어느 나라보다도 앞장서서 토지 개혁을 단행했다. 그리하여 한국의 독특한 발전 양식으로 '선교육, 후개발'의 근대화를 이룩한 것이다. 그 주역이 국가공무원이다. 우리는 이렇게 세계적인 기록을 많이 가지고 있다.

두 번째로 억센 '생존능력'이다. 건국 초부터 6.25전쟁과 같은 거대한 충격을 흡수하고 극복할 수 있는 능력을 축적하고 있다는 것이다. 그래서 한국전쟁이라는 비극을 겪었지만 이를 거대한 발전의 원동력으로 전환할 수가 있었던 것이다. 그리하여 4.19, 5.16, 12.12 등등 국내의 변화에도 그 충격을 흡수할 수 있는 저력을 길러냈다. 참으로 한국 사람은 강인하고 질긴 민족이다.

셋째로 '시간 관리능력'이다. 우리는 1960년부터 일곱 번이나 5개년 경제계획을 수립해 온 나라다. 그리하여 매년 10%의 경제 성장을 이룩했다. 이것은 자립자존의 해맑은 한글세대의 등장으로 더욱 자신을 가진 원동력이 되었다. 이것도 '선교육, 후개발'의 에너지로 이루어진 것이다.

넷째로 우리는 '공간과 지역'을 관리하는 능력이 있다. 특히 1965년부터 월남전 참전으로 해외 진출에 대한 자신이 붙었고, 그 후 중동지역을 비롯해 더 넓은 세계무대로 퍼져 나갔다. 이는 자신감 획득을 통해 잠재되어 있던 우리 민족의 세계를 지향하는 태도와 능력이 드러났다는 것이다. 오늘날 우리의 해외교포는 500만에 달한다. 그것도 4대 강국에 퍼져 있다.

이와 같은 원동력으로 대한민국 수립 이래 우리나라는 계속해서 발전해 왔다. 그리고 그에 묵묵히 발맞추어 대단한 공헌을 쌓으며 국가 발전의 주역으로 거듭난 우리 국가공무원이 있다. 그러나 그들에게는 세 가지 고통이 있다고 한다. 그 삼중고(三重苦)는 첫째가 너무나 과중한 업무량이고, 둘째가 다른 직종보다도 적은 급여이며, 셋째가 퇴직 후에도 '전직 공무원'으로 주목을 받아야 하는 것이다. 공무원은 새마을운동 이래 쉬는 날도 없이 밤낮으로 국가를 위해 일했다. 그러나 적은 급여로 인해 생활고를 겪는 공무원도 많았다. 그러나 결국 우리 공무원들은 그 시련을 모두 극복하고 지금까지 고상하게 전진하여 왔다. 이는 돈으로도 살 수 없는 긍지의 힘이다.

그리고 공무원의 삼중고는 아무나 공무원이 될 수 없다는 증

거이기도 하다. "초지정수자(草之精秀者)는 위지영(謂之英)"이라는 구절이 있다. 풀 중에서 엄선하여 가려 뽑은 것이 꽃(英)이라는 것이다. 이와 같이 공무원은 엄격한 과정을 거쳐 발탁된 난초와 같다. "수지장군자(獸之將群者)는 위지웅(謂之雄)"이란 구절도 있다. 뭇 동물 가운데 무리를 이끌고 나가는 리더가 우두머리(雄)라는 것이다. 이와 같이 공무원은 앞장서서 국민을 이끄는 소수의 엘리트이다. '꽃(英)'과 '우두머리(雄)' 이 두 글자를 합치면 바로 영웅(英雄)이다.

우리 공무원의 긍지 속에는 이 두 글자, '英'과 '雄'의 개념이 서려 있다. 그리하여 전통적으로 내려오는 신민(新民)의 개념, 즉 민을 늘 새롭게 끌고 나가는 사명감이 공무원의 삼중고를 뚫고 나가는 원동력이 되었던 것이다. 이것이 수백 년 내려온 관(官), 즉 선비의 이념이 아니고 무엇이겠는가?

그리고 우리 가족주의의 가치관에서도 관직이란 지금도 의의가 깊다. 흔한 것이 아니다. 우리나라에서 자식이 대를 이어서 공무원이 된 경우가 많은가? 그리 많지 않을 것이다. 과거에도 지금에도 공무원이 된다는 것은 고귀하고 명예로운 기회를 얻는 것이다. 돈이 많았던 사람은 지방에 '현고학생부군신위(顯考學生府君神位)'라 써서 모신다. 그러나 공무원은 당당하게 '현고사무관부군신위(顯考事務官府君神位)'라고 적힌다. 그렇게 대대로 존경을 받는 것이다. 우리가 그렇게 부러워하는 삼성의 이병철 회장도 '학생부군' 밖에는 못 되는 것이다. 공무원의 멋과

정수가 바로 거기에 있으며, 그러한 연유로 전 국민의 시선을 받으며 청빈하게 공직 생활을 하는 것이다.

원래 자고로 "국상무강(國常無强)이고 상무약(常無弱)"이라 하였다. 즉 나라는 항상 강하지도 않고 또 항상 약하지도 않는 법이다. 그러나 "봉법자강즉국강(奉法者强則國强)이고, 봉법자약즉국약(奉法者弱則國弱)"이다. 즉 국법을 잘 받들고 있는 공직자가 강하면 나라가 강하고, 공직자가 약하면 나라도 약해지는 것이다. 이 원칙은 오늘날에도 적용되는 일종의 경고이며 철칙이다. 따라서 국가의 운명은 실로 국가공무원의 가치관, 즉 소프트웨어에 달려 있는 것이다.

창경궁과 문정위민의 이데올로기

나는 1992년에 공직을 떠난 후 아주 우연한 기회에 창경궁을 혼자 산책한 적이 있었다. 옛날에는 동물원이자, 일본 사람들이 밤에 벚꽃을 구경하는 놀이터였다. 참으로 한심한 일이다. 한 나라의 왕궁이 하루아침에 동물원이 되다니. 1908년에 군대가 해산되어 주권이 없어지고, 1909년에 일본이 마음대로 벚꽃을 심어 그들의 놀이터로 만들어 버린 것이다. 돈화문 앞에서 원남동까지 큰길을 뚫어 놓고 남의 나라 왕궁과 종묘를 둘로 갈라 놓았으니…. 일본인들은 참으로 못된 인간들이었다.

그래서 그해 1909년 10월 26일 그 일본 제국주의의 원흉인

이토 히로부미가 중국 하얼빈역에서 안중근 의사의 총으로 그 자리에서 사살이 되었다. 아무튼, 나라 없는 설움을 가장 욕되게 받은 궁전이 바로 창경궁일 것이다. 이미 1985년에 다시 창경궁으로 환원된 궁궐은 참으로 멋있게 단장되어 있었다. 그런데 그날 새로운 기분으로 여유를 가지고 고궁을 돌아보면서 이 나라 한 명의 정치학자로서 참 경건한 마음을 갖게 되었다. 이 창경궁이 평범한 보통의 궁전이 아니었던 것이다. 창경궁 정문의 이름을 묻는다면 쉽게 대답할 이가 있을까? 대부분 잘 모를 것이다. "서울 600년 관광"을 선전하는 책임자도 그 이름을 미처 모르고 있었으니 말이다. 급하게 입장표를 사느라 바로 그 위에 쓰여 있는 이름을 보기는 어려울 것이다. 아마도 서울대학병원 쪽으로 지나갈 때 서향으로 내려보면 보이겠다. 어쨌든 그 대문의 이름은 바로 '홍화문(弘化門)'이다.

그 홍화문을 들어서면 궁궐이 나타나는데, 그 궐문의 이름은 무엇일까? 바로 '명정문(明政門)'이다. 밀실정치 없이 정치를 밝게 하자는 각오를 다지는 이름이다. 그 문안으로 들어서면 만조백관이 동쪽에 문관, 서쪽에 무관으로 나뉘어 정렬하는 광장이 있고, 더 들어가면 그 중전(中殿)인 명정전(明政殿)이 있다. 거기에 옥좌가 있고, 그곳에서 정치의 권위가 나왔다. 세도정치 없는 밝은 정치를 지향하는 궁전이었다.

그 옆에는 자그마한 편전(便殿)이 있는데 바로 숭문당(崇文堂)이다. 국왕이 태학사, 대제학, 그리고 성균관 유생들과 대화하며 경연과 세미나를 여는 곳이다. 그 현판은 영조대왕이 친히 쓰셨다. 국왕들은 문필도 대단했다. 아무튼 숭문당은 고려조 무신정치를 배격하고 철저하게 문을 숭상한다는 이념을 담은 이름이었다.

그리고 그 옆에 남향으로 큰 편전이 있는데 그곳이 바로 문정전(文政殿)이다. 앞으로 문정의 통치를 해야 한다는 조선왕조의 국시(國是)였다. 문정전에서는 삼정승과 육조판서 그리고 원훈(元勳) 원로가 국왕을 모시고 정사를 보았다. 말하자면 오늘의 국무회의실 같은 곳이다. 여기서 토의하고 결정한 정책이 아니라면 어떠한 것도 정통성이 없었다. 무릇 정사는 이곳에서 밝게 그리고 큰 목소리로 정정당당하게 토의되고 선포되었다. 그리고 무서운 것은 '영의정일지라도 국왕과 독대는 불가하다'라는 것이 그 당시 엄격하게 지켜진 것이다. 단둘이 앉아서 귀엣말로 아무도 모르게 정치를 해서는 안 된다는 국법이 있었다. 참으로 대단하다.

무인인 이성계가 쿠데타로 1393년에 정권을 잡고서 조선은 농업을 기반에 둔 농업국가로서 불교를 억제하고 유교를 숭상하고, 무를 누르고 문을 높였다. 세자를 책봉하고 『국조보감(國朝寶鑑)』으로 선대의 치적을 가르치고 사대자소(事大字小)의 외교를 하였다.

그리고 나자 창경궁의 큰 뜻과 참뜻이 느껴졌다. 홍화문-명정문-명정전-숭문당-문정전으로 이어지는 것에서 조선의 대단한 정치이념을 보았다. 홍화문은 홍익인간(弘益人間)을 표방했던 단군신화의 정통성을 찾고 있었으며, 적어도 기자조선(箕子朝鮮)을 배격하고 있는 주체성을 나타냈으며, 정치를 밝게 하고, 문을 숭상하고 정치는 문정에 의해서만 하겠다는 문정위민(文政爲民)의 이데올로기가 흐르고 있었다. 그러고 보니 오늘날의 문민정부의 출범 이념과 비슷한 것을 느꼈다. 나 역시 깜짝 놀라서 창경궁의 안내서를 사 보았다. 과연 이곳은 세종대왕이 1418년 22세의 나이로 즉위한 곳이었다. 원래 이곳은 세종이 상왕(上王)이 된 태종 이방원을 모시기 위해 지은 궁궐로, 바꾸기 전의 이름은 수강궁(壽康宮)이었다.

세종이 즉위한 1418년은 조선왕조가 수립되고 25년이 지난 해였다. 태조 이성계, 태종 이방원은 무인이었다. 그리고 그들은 정적이었던 정몽주, 심지어는 정도전도 숙청했다. 그렇게 반대세력이 없는 시대에 세종은 얼마든지 절대군주로서 자의적인 권력을 행사할 수도 있었다. 그러나 세종은 그러지 않았다. 처음으로 문정의 기틀을 잡은 것이다. 세종은 문정전에서 막강한 권한을 마음대로 휘두를 수 있었으나 오히려 그와 반대로 철저한 위민정치(爲民政治)를 통해 백성이 나라의 근본이라는 민본주의적 군주제의 귀감을 이룩했다.

사관제도와 국왕의 미래 평가

왕과 독대를 불가능케 하는 제도가 바로 사관(史官)제도이다. 사관은 춘추관(春秋館)에서 파견된 한림(翰林) 선비로, 왕을 수행하면서 국왕과 신하의 말씀을 기록하는 역할을 하였다. 관직은 그리 높지는 않으나 어전을 드나들고 왕을 대면하는 직무였기에 가문이 훌륭하고 용모가 수려했으며 신언서판(身言書判)[1] 이 출중한 선비였다. 특히 문정전에서 국사를 논할 때 그곳에서 나오는 국왕과 신하의 모든 발언을 하등의 수식어 없이 직필하는 것이 사관의 중요 임무였다. 그렇게 사초(史草)를 만들면, 사초는 사초통에 집어넣었다.

이 사초통은 그 누구도 볼 수 없었다. 물론 국왕도 이것을 볼 수 없었다. 국왕이 돌아가시고 난 다음에야 비로소 그 사초를 수집하고 정리하여 그 왕의 치적을 역사로 남겼다. 그렇게 조선왕조실록 888권이 편찬되어 우리에게 전해진 것이다. 이것은 대단한 것이다. 그러니 사관은 왕과 대신들의 말과 거동을 직필함으로써 일종의 기록보관함을 만들고, 현재가 미래에 평가받을 수 있도록 하는 직책이었다.

그런데 문정전에는 두 명의 사관이 있다. 왜 두 명이었을까? 서로 대조하기 위해서? 아니다. 놀랍게도 한 명은 말씀을 받아 썼고, 또 한 명은 말하는 사람의 태도를 기록하였다. 왕께서 부

---

1 인물 선택의 표준 조건으로 곧 신수, 말씨, 문필, 판단력의 네 가지.

스럼이 나서 등을 긁적긁적 긁으셨다느니, 또는 화를 내면서 무엇을 집어 던지셨다느니, 또는 신하가 땅을 치며 울었다느니, 서로 밀고 또 잡아당겼다느니… 이러한 왕과 조정 대신들의 모든 거동을 조용히 앉아서 정확하고 냉정하게 기록하였다고 한다. 오늘날의 '정치 비디오'를 하루하루 작성해 놓았다는 것이다. 그러니 국왕도 말씀을 함부로 못 하게 되고, 신하들은 마치 오늘날 학술세미나를 준비하듯이 철저한 역사적 고증과 논리를 갖추고 발언을 해야 했다.

오늘날 우리도 정무를 논의할 때 회의록을 작성하고 있지만, 상관이 "이것은 오프 더 레코드(off the record)로 합시다"라고 하는 경우가 흔하다. 그런데 그 당시에는 그런 발언까지도 그대로 직필하여 두었다. 왕이 사초를 궁금해하여 사초를 보자며 막강한 힘으로 사관을 억압하면, 왕의 명을 따를 수 없어 그 사관은 옆에 있는 화로를 껴안고 죽었다고 한다. 그리하여 그 사초를 왕이 보지 못하도록 한 것이다. 이것이 바로 선비정신이다.

왕이 회의를 소집하는 데서부터, 안건을 제시하고 동의, 가결, 그리고 제가를 거쳐 정책이 공포되기까지의 과정이 사관에 의해 정확하게 쓰인 것이다. 그래서 "15세기에 있어서 조선조 초기의 학자 선비 즉 사대부에 의한 법제사는 세계적인 것이다"라는 평가를 받는 것이다. 고 함병춘 박사는 미국 하버드법과대학에서 수학할 때 "조선조 500년의 법제사"가 최고라고 인정받았다고 한다. 세계사의 그 어떤 왕도 이렇게 역사에 의해 견제를 받은 사례는 없었다. 왕일지라도 권력을 마음대로 남용하지 못했고 신하는 더욱 자신의 언행 하나하나를 책임져야 했기 때문에 위민정치가 이루어졌던 것이다.

이러한 인본주의적인 군주 제도 속에 이와 같은 소프트웨어가 있기에 조선왕조가 519년 27대의 역사를 이룩했던 것이다. 결코 총칼로서 이렇게 오래도록 유지할 수는 없는 것이다. 요사이 우리나라는 돈에 중독이 되어 있는 사회다. 돈이면 안 되는 것이 없는 사회인 것이다. 그런데 안 되는 것은 재벌의 세습이다. 2대, 3대 가기가 힘들다. 이것을 보면 돈으로만 될 수도 없고 총칼로서도 안 된다. 그보다는 이렇게 무서운 궁중의 법도라 할 수 있는 훌륭한 소프트웨어라는 가치관과 전통이 있어야 되는 것이다.

언관제도와 선비들의 기개

또한 왕을 견제하는 제도로서 언관(言官)이 있다. 사관이 기록을 통해 미래의 평가를 위해 기록을 남겨두는 거라면, 언관은 당장 오늘의 왕의 언행을 직간하여 비판하는 직책이다. 언관 역시 명가의 자제로서 신언서판이 출중한 선비로 홍문관에서 파견된 옥당(玉堂) 선비이다. 한마디 말로 대원군을 실각시킨 면암 최익현 같은 사대부이다. 오늘날 감사원이나 언론기관의 역할을 겸한 직책으로 주관이 강하고 성격이 대쪽 같아야 한다.

문정전에서 아무리 합법적으로 결정이 됐다고 하여도 언관이 "전하, 그런 결정은 열성조의 예법에 어긋나니 거두어 주시옵소서" 하고 엎드리면 왕도 긴장을 하게 된다. 만일에 국왕이 그 정책을 그대로 밀고 나가면 사헌부, 사간원, 성균관의 삼사합계(三司合啓)가 시작된다. 사대부와 선비들이 모여 뜰아래 부복하며 "전하 거두어 주시옵소서" 하면서 오늘날의 연좌데모를 한다. 오늘날의 학생데모도 이때부터 시작이 된 듯하다.

그러면 왕도 이를 청종(廳從), 즉 듣고 따라야 했으며 일방적으로 정할 수가 없었다. 만일에 밑에서부터 언관의 상소문(上疏文)이 올라가면 그것을 제일 먼저 보는 사람이 왕이었다. 언로(言路)가 터 있어야 정권이 유지된다는 것이다. 국왕께서 상소문을 보고는 화가 치밀어 올라 부들부들 떨면서 "이 고얀 놈 같으니…!" 하시고 그 상소문을 책상 서랍에 던져 넣으시면 그것도 위법이었다. 상소문을 본 왕에게 신하들은 "폐하 비답(批答)을 내리소서"라고 했다. 옳고 그르고를 명백하게 답변으로 내려달라는 것이다. 만일 그 상소의 내용이 그릇된 거라면 상소를 올린 자가 처벌을 받았고, 상소의 내용이 옳은 거라면 왕이 고쳐야 했다.

이것도 대단한 국왕의 견제 제도였다. 무서운 소프트웨어인 것이다. 조선 전기의 학자 서거정 또한 그들 선비의 기개를 보고 감탄하여 "항뢰정(抗雷霆) 도부월(蹈斧鉞), 이불사(而不辭)"라고 하였다. 즉 "벼락이 떨어져도, 도끼로 목을 쳐도, 그래도 말을 서슴지 않는다"는 뜻이다. 그것이 언관의 직분이었다. 이러한 기개가 있었기에 국헌(國憲)이 문란하지 않고 27대를 내려온 것이다.

이러한 신하와 민에 의한 권력 견제는 맹자의 가르침에서 비롯된 것이다. '백성이 나라의 근본'이라는 원칙 아래 엄격한 성리학의 예론(禮論)으로써 나라를 통치하였기 때문에 한 정권이 그대로 519년 27대나 유지할 수 있었던 것이다. 그리고 그 기록은 하루도 빠짐없이 조선왕조실록에 적혀 오늘까지 내려왔으니 그 속에 한반도 통치의 노하우가 소상하게 기록되어 있다.

요사이 일본에서는 화학 기술로 백 년지(紙)를 생산하였다고 한다. 오늘날 우리가 쓰고 있는 종이의 수명은 50년이기 때문에 일본에서는 100년 수명을 가진 종이의 세계적인 특허를 가지고 있다고 자랑한다. 그러나 조선왕조가 만든 종이는 천 년지이다. 그렇게 수명이 긴 종이 없이 어떻게 조선왕조실록을 만들고 보관하였겠는가? 그 조선 종이 위에는 독일 구텐베르크의 인쇄술보다도 200년 먼저 발명한 우리의 인쇄술이 사용되었다. 그렇게 만들어진 여러 권의 실록은 오동나무 상자에 넣어서 서울, 전주, 강화, 오대산, 묘향산 등으로 분산해서 보관하였다. 이 모두가 우리 선비들의 세계적인 업적이다. 조선왕조실록은 오늘날 북한에 한 벌, 남한에 한 벌이 남아 있다.

이와 같이 국왕을 도와 국가의 대사를 도모한 엘리트들은 근본적으로 선비였다. 연암 박지원의 유명한 소설 「양반전」에 다음과 같은 대목이 나온다. "글 읽고 어진 사람을 선비라고 하는데 벼슬길에 나아가서는 대부가 된다. 즉 사대부가 된다. 그리고 덕 있는 사람을 군자라 하며 무반(武班)은 서쪽에 서고 문반(文班)은 동쪽에 서게 되어 이를 양반이라 한다." 이를 보면 선비, 군자, 양반(兩班)의 구별이 있으며, 양반은 관직에 따라 구분하는 말이라는 것을 알 수 있다. 그러나 조선조 후기로 내려오면서 양반의 본래 개념은 '선비'라는 단어에 들어가 버리고, 대신 '이 양반, 저 양반' 하듯이 그 의미가 아주 격하되었다. 그리하여 다만 선비라는 단어가 본래의 의미를 잃고 오늘날에 전해 오는 것이다.

청백리 녹선과 수기치인 팔덕목

선비들의 궁극적인 염원은 무엇이었는가? 사대부로서 그들은 청백리로 녹선되어 그 가문의 명예를 드높이고 후세에까지 그 영광을 내려보내기를 간절히 바랐다. 그것은 선비가 생전에 남길 수 있는 최고의 업적이었다. 그러나 그것은 결코 쉬운 일이 아니었다. 청백리의 심사는 어전에서 수기치인 팔덕목에 의한 엄격한 기준으로 이루어졌다. 과연 국가공무원으로서 자율적인 자아통제가 얼마나 완숙하고 인격적으로 표현되었는가를 평가했던 것이다.

먼저 수기 오덕목의 첫째는 청백해야 한다는 것이다. 청렴은 공인의 기본자세이다. 그 두 번째 덕목이 근검이다. 부지런하고 겸허하고 검소해야 한다는 것이다. 경복궁에는 근정전(勤政殿)이 있다. 부지런하고, 오만하지 않게 진지한 정치를 하라는 좋은 이름이다. 그러니 사대부로서도 마땅히 근검해야 했다. 셋째가 후덕이다. 이것은 군자의 리더십이다. 그리고 인격을 완성하는 우리 고유의 가치이다. 후덕을 어떻게 영어로 번역할 수 있겠는가? 그저 'Thick virtue(굵은 선행)'이라면 말도 되지 않는다. 그러나 우리는 "아! 우리 시골에 큰댁 할아버지가 배우신 것은 없어도 후덕하시어 동네 사람들이 그분 말씀을 잘 따른다" 하면 이해할 수가 있다. 황희 정승의 포용력 또한 후덕의 예다. 그가 아랫사람들을 중재하며 "너의 말이 맞구나" 하더니 이어서 "또 너의 말도 맞다" 하니 한 사람이 "이 사람의 말도 맞고, 저 사람의 말도 맞다 하셨는데, 무엇이 맞다는 것입니까?"라고 물었다. 그러자 황희는 "그래 너의 말도 맞구나" 대답하였다는 것이다. 이는 다종다양한 여러 관점을 후덕하게 존중하여 이끌었다는 이야기이다. 넷째는 경효이다. 이는 국가를 이루는 가정에서 얼마나 화목을 유지하고 상경하애하여 가화만사성의 기반을 이루었는지를 보았다. 이는 자식으로서 부모에게 효를 다하는 것도 중요하지만 또한 집안의 어른으로서 과연 그 역할을 다하여 집안의 질서를 유지하고 있는지가 평가 대상이었다. 그리고 나아가 공인으로서 사회의 '어른 노릇'을 잘 수행하였는지 또한 경효에 해당하는 덕목이었다. 다섯째는 인의이다. 어질고 정의로운가? 공사가 분명하고 극기복례(克己復禮)하여 질서와 예를 확립할 수 있는가? 등에 대해서 평가하였다. 이 같은 다섯 가지 덕목은 국가의 직무를 수행하는 공인으로서 마땅히 갖춰야 할 인격과 자질이었다.

이것이 완벽하면 그다음으로 치인 삼덕목을 심사했다. 옛 사대부나 군자가 자기수양에만 그치면 그것은 부덕(不德)한 일이었고, 자기수양을 바탕으로 민을 지도하고 새롭게 하는 것이 마땅한 의무였다. 이것이 수기치인 팔덕목 중에서 여섯 번째였다. 과연 얼마나 선정하였는가를 본 것이다. 사람만 좋으면 무엇하는가. 무슨 업적이 있어야 했다. 무엇을 성취하였고 성취의 결과가 무엇인지를 심사하였다. 오늘날의 공무원에 대입하자면 얼마나 업적을 쌓았느냐?가 될 것이다. 그다음으로 본 것이 충성이다. 체제를 위하여 최선을 다했느냐는 것이다. 그리고 마지막 평가 기준이 준법이다. 이것은 다만 오늘날 교통규칙을 잘 지켰느냐의 정도가 아니다. 준법의 덕목을 심사하는 기준이 바로 '수령칠사(守令七事)'였다. 수령칠사는 지방을 다스리는 데에 힘써야 할 일곱 가지의 일을 말하는데, 오늘날의 인사고과 평가이다.

1. 농사와 뽕나무로 산업이 발전함(農桑盛)
2. 살기가 좋아져서 백성이 모여와서 인구가 증가함(戶口增)

3. 백성을 교화시켜 인재를 많이 배출함(學校興)

4. 군과 행정에서 기강을 세움(軍政修)

5. 업무와 부역이 균등하게 분배됨(賦役均)

6. 백성들의 분쟁을 간결하고 신속하게 처리함(詞訟簡)

7. 사회 기풍의 문란을 종식시킴(奸猾息)

이러한 수령칠사의 기준을 수기치인 팔덕목과 합치면 모두 15조항으로 청백리를 심사한 셈이 되는 것이다. 기준이 이토록 엄격했기 때문에 청백리로 녹선된다는 것은 그 가문의 영광이며 조선조 519년 역사에서도 참으로 귀한 존재인 것이다. 선조 25년, 임진왜란이 일어나는 1592년까지 162명이 청백리로 녹선되었으나 조선 후기에 이르러 300여 년 동안은 다만 56명이 녹선되어 218명의 청백리가 기록되었다. 공명정대하고 청렴결백한 국가공무원의 선발이었던 것이다.

한때 우리 정부에서도 매년 실시했던 청백리상과는 비교가 안 된다. 벌써 그 대상이 영의정부터이고, 심사자인 왕 가운데서도 정조 같은 국왕은 수기치인을 몸소 실천하신 분이다. 이처럼 권력의 상부에서부터 강력한 윤리 수준과 도덕성을 공인의식으로 견지하고 있었기 때문에 백성들은 자연스럽게 교화되며 따랐고 그렇게 체제를 오래도록 유지할 수 있었던 것이다.

청백리의 대표적인 인물이 바로 황희 정승이다. 육조판서를 고루 지내고 영의정만 18년을 하셨으니 무려 64년 동안이나 공직에 몸담으셨던 분이다. 어느 날 세종이 친히 그의 집에 가 보시고는 놀라셨다는 일화가 전해 온다. 나라의 최고 재상이 왕골 돗자리를 깐 조그만 방에 기거하고 있었던 것이다. 이에 "내가 등이 가려울 때는 이곳에 와야 하겠구나" 하시니 "황공무 지로소이다"라고 대답하였다.

세종께서도 백성의 고생을 함께 체험하겠다고 하시어 경복궁 의 경회루 옆에 초가삼간을 지어 놓고 사셨다고 한다. 그래서 신하들이 매일같이 "전하! 옥체 보존하셔야 합니다. 환궁하옵 소서"라고 간청할 정도였다. 심지어 그때 세종은 백내장에, 각 기병과 당뇨병까지 여러 질환을 앓고 있었다고 한다. 그러면서 도 한글을 창조하고 위민정치를 베푸는 성군이셨다. 그래서 백 성들은 "세종 같은 임금에 황희 같은 재상이 있으면 살맛이 난 다"고 하지 않았던가?

율곡은 49세에 병조판서를 지내다 현직에서 돌아가셨으나 하 도 청렴결백하여 장례식을 치를 비용이 없어 동네 사람들이 십 시일반으로 치렀으며, 서애 류성룡은 임진왜란 7년 동안 국가 재상을 지냈으나 한양에 집 한 채 없고, 관복도 한 벌 뿐이었다 고 한다. 전쟁 중에 막대한 군량미, 피복, 무기 구입비 등 그분이 마련한 자금은 엄청났으나 사임하고 경상도 하회마을로 낙향하 였을 때는 식솔이 굶어 죽을 뻔할 정도로 가산이 넉넉하지 않았 다고 한다. 오늘날 하회마을의 큰집은 서애가 돌아가신 후에 그곳의 유생들이 모금하여 수십 년 걸려서 세운 집이라 한다.

그리고 순조 때는 김재찬이라는 재상이 있었다. 그분은 홍경래의 난을 정벌한 공을 세운 분인데, 젊어서 야간 업무를 위해 궁궐에 들었을 때의 일이다. 순조가 지나가시다가 그를 보고 부친의 안부를 물었다. 김재찬의 부친은 김익 문정공으로 과거 영의정을 지낸 인물이었다. "네. 전하, 신의 생부가 연만해서 감기가 떠나지 않습니다." 그랬더니 순조는 그에게 산삼 세 뿌리를 하사하여 문정공의 건강 회복을 격려하셨다. 김재찬은 그것을 황공하게 받고는 다음 날 아침에 곧바로 부친에게 전하였다. 그러자 문정공은 아들을 호되게 나무랐다. "왕의 은혜는 이미 사은(私恩)이 아니고 국은(國恩)이다. 그렇다면 마땅히 사관을 불러서 그 국은이 내려지는 까닭을 선유(宣諭)[2]하고 공명정대하게 내려야지 어떻게 야밤중에 깜깜한 밀실에서 사사로이 국은을 내릴 수가 있느냐? 당장 왕에게 간규(諫規) 하여 절차를 밟으라"며 호통을 쳤다고 한다. 순조도 이 말을 전해 듣고서 '아차 실수했군' 하여 다시 교유(敎諭)를 내려서 그 산삼을 정식으로 하사하였다는 것이다. 이것은 오늘날의 우리 정치에서도 깊이 반성해야 할 선례가 될 것이다.

이처럼 올바른 인생관, 가치관 그리고 윤리관이 있었기에 지배층인 선비의 기강이 서고 또한 체제가 유지될 수 있었던 것이다. 이러한 몇 가시 사례들만 보아도 조선조의 정치 소프트웨어

---

2 임금의 가르침을 백성에게 널리 알리던 일.

를 이해할 수 있을 것이다. 그러나 건국 200년이 지나고 임진왜란 등 국난을 겪으며 이후 이러한 기강이 점차 흔들리게 되었고 성리학적인 예론(禮論)은 당쟁에 휘말리게 되었다.

조선조 삼대 재상 중 한 분으로 꼽히는 백사 이항복이 언제나 비변사 회의에 늦게 참석하여 다른 사대부들이 "왜 당신은 그렇게 늘 지각을 하느냐?"라고 따졌던 일이 있다. 그랬더니 그분이 답하기를 "여러 대감들, 내가 오늘 여기 오는데 재미있는 구경거리가 있어 늦었습니다. 그것은 중과 내시와의 싸움이었어요. 아, 내시가 까까머리 중놈의 머리카락을 잡고 늘어지고, 중은 내시의 없는 불알을 움켜쥐고 늘어지는 것이 아니겠어요?"하고 이야기를 하니 전부 박장대소를 하였다고 한다. 그리고 백사가 이어서 말하기를 "오늘날 우리 비변사에서 매일 토론하는 내용이 그와 같지 않습니까? 공리공론(空理空論)이지요."하면서 탁상행정을 비판하였다고 한다.

과연 정조 때 청렴하고 근검한 다산 정약용이 실학(實學)을 논했으나 유배당하고, 근세에 와서는 세자 책봉도 아니 받고 국조보감(國朝寶鑑)의 공부도 해 본 적이 없는 강화도령을 갑자기 철종으로 모셔 왔으니 조정에는 세도정치와 밀실정치가 성행하였다. 그렇게 국력이 약화되고 있을 때 지구의 서편에는 오늘의 G7이 일어나서 서세동점(西勢東漸)하고 있었던 것이다.

그리고 동양에서는 일본이 일찍 개화하였고 이들이 우리나라를 침략하여 결국 1910년에 나라가 망하지 않았는가? 이것은 문약(文弱)한 숭문(崇文)의 선비정신이 상무(尙武)의 서구정신과 일본의 사무라이 정신의 침공을 막지 못한 탓이었다. 그 후 36년 동안 나라가 없는 식민지 생활을 겪은 우리는 해방은 되었으나 아직도 가치관의 혼돈을 겪고 있다. 도덕과 윤리의 교과서가 없는 혼돈의 시대를 헤매고 있다. 그래서 평균 소득이 선진국 수준에 도달한 지금의 시대를 맞이하여 우리가 수백 년 동안 가지고 내려온 전통문화와 선비정신의 현대화를 이룩해 보기로 한 것이다.

G7 선진국의 '선비정신'은?

빠르게 근대화를 이루어 번영했던 서구 열강들은 19세기에 그들 전통정신의 근대화에 있어 절정을 맞았다. 오늘날에도 우리가 뒤쫓아 가는 그 G7의 나라들은 그들의 고유한 정신을 가지고 문화 조류에 공헌한 나라이다. 돈만으로 선진국이 되는 것이 아니다. 그렇게 되면 유전을 가진 중동의 부유한 국가들을 선진국이라 부를 것이며 우리도 만 불이 넘는 소득으로 선진국이라 할 것이다. 하지만 실제로는 그렇지 않다.

영국은 세계에 '정치의 기술(Art of Government)'을 가르쳐 주었다. 영국의 신사도(Gentlemanship)와 기사정신(Knighthood)을 토대로 한 의회민주주의제도를 세계에 수출하여 인류문화에 공헌했다. 프랑스는 한때 강력한 민족국가를 형성하여 그들의 문화를 세계에 유행시킨 나라이다. 그들 국가주의의 핵심 인물인 국가공무원(Gentilhomme)의 우수성과 정신은 바로 선진국이 되는 핵심 요소였다. 독일의 융커(Junker)정신도 오늘의 독일과 그 민족통일을 이룩한 저력이 되었다. 융커란 프로이센의 지주 귀족들을 가리키는 말로, 이들의 정신으로 비스마르크 수상과 몰트케 장군 등에 의해 독일 통일을 이룩하였던 것이며 과학과 철학 분야에 세계적으로 기여하였다.

뿐만 아니라 이탈리아는 로마법으로, 이스라엘은 종교적으로 공헌하였고 미국은 그들의 개척정신으로 세계에 자유와 민주의 가치를 내세우며 번영을 주도하고 있다. 한편 일본에는 무사, 사무라이 정신이 있었다. 그 사무라이 정신으로 근대화의 첫발을 내었고, 오늘날 선진국이 되었다. 일본 각계의 지도자들은 사무라이의 무사 계급이다. 정치가, 군인, 학자에 이르기까지 그들의 전신은 무사 엘리트들이었다. 일본 자본주의의 원점이고 시조라 불리는 시부사와 에이이치(澁澤榮一)도 도쿠가와 막부의 사무라이 출신이다.

그가 프랑스에 갔을 때, 그곳에는 사농공상(士農工商)의 구별이 없는 것에 큰 인상을 받고 일본에서 상업활동을 하는 이들을 '실업가(實業家)'라고 부르게 하여 경제인들에 대한 인식을 바꾸었다. 그리고는 대장성 차관 자리에서 스스로 나와 생전에 500여 개 기업을 창립하여 일본의 부국강병을 이룩하였다. 그 바탕 위에서 오늘의 선진국인 일본이 만들어진 것이다. 그 정신이 바로 사무라이 정신이다.

그런데 우리나라에서만은 선비정신을 그렇게 높이지 않고 있다. 심지어 우리 지도자들은 이 나라가 선비 때문에 망했다는 주장을 떳떳하게 해야 민주시민이 되고 관료로서도 출세가 빠르다고 한다. 그러면서도 그들을 높일 때 "당신은 선비답다"라고 하면 좋아하고 자랑스러워한다. 이러한 선비에 대한 의식의 괴리를 어떻게 조화시킬 것인가?

물론 선비의 계급을 오늘날 되찾자는 것이 아니다. 어디까지나 일본 식민지 시대에 만들어 놓은 왜곡된 식민사관에서부터 벗어나서 지금까지 우리 역사를 이끌어 온 전통사상 속의 선비정신을 제대로 이해하고 자랑스럽게 체득할 때가 왔다는 것이다.

아마도 일본 사학자인 경성제국대학 이마니시 류(今西龍)의 사관으로는 '조선조 선비사상'이 사무라이 정신을 훨씬 능가하는 것으로 인식되었을 것이다. 조선을 침략하고 통치하는 것이 목적이었던 그들에게 가장 두려운 것이었으며 따라서 선비정신의 부활을 막는 것이 그들의 문화정책이었다.

오늘날 세계화의 시대에 각국 공직자의 윤리정신은 그 나라의 전통사상에서 움트고 솟아나는 것이어야 하고, 그 정신은 그 국민의 공감대를 받아야 한다. 바로 그러한 정신이 우리 공직자의 자세에 내면화되어 있어야 프라이드를 가지고 세계문화 조류에 공헌하는 선진국이 되는 것이다. 돈만 가지고는 안 된다. 돈 자랑만으로는 천민국가밖에 못 되는 것이다.

그렇기 때문에 우리나라도 이제부터 어떠한 정신으로 무엇을 세계문화에 공헌할 것인가를 끊임없이 생각하고 노력해야 할 것이다. 이것이 사실은 세계화의 핵심문제이며 여기에 우리의 선비문화가 나서야 할 때가 온 것이다.

선비정신의 보편성

결론적으로, 전통적으로 우리나라 공인이 지녔던 '수기치인 팔덕목'의 선비정신은 세계적인 행정윤리 요강으로서 보편성을 가지고 있다. 뿐만 아니라 동서고금의 공직자와 세계적인 지도자들의 공통 덕목으로도 살아 있다.

예를 들면 세계적인 봉사 친목 단체인 로타리클럽(Rotary club)에도 'SMILE'이라는 다섯 가지 리더십 덕목이 일반화되어 있다. 이것도 수기치인 팔덕목에 포함된다. 즉, Sincerity는 근검이요, More Consideration은 후덕이요, Integrity는 청백이요, Loyalty는 충성이요, Enthusiasm은 인의이다. 나아가 우리 공인들에게는 오히려 경효가 더 있다. 상경하애하는 전통과 가족제도의 중요성이 더 크다. 그리고 선정과 준법도 별도로 있지 않은가?

그러나 우리의 각 교육기관에서는 이를 소홀히 하고 있다. 우리에겐 600여 년의 역사와 본받을만한 훌륭한 사례가 구체적이고 풍부하게 실록 속에 보관되고 있다. 그중에 좋은 예와 나쁜 관례를 오늘에 되살려서 성찰해야 하겠다. 그리하여 한 덕목,

한 원칙의 이념을 오늘에 되새겨 봐야 하겠다. 그리고 그것을 우리 공무원의 긍지로 내면화해야 한다.

또한, 선비들의 행태에 대한 기준으로는 '구사 삼십육도(九思 三十六道)'가 따로 있다. 이는 이미 선정에 대한 우리들의 기준이 되고 있다. 그리하여 새로운 '한국적인 이도정신'이 나온다고 하더라도, 그것은 마치 영국의 신사정신이 영국 사람들의 문화에서 나오는 것과 같다. 우리 공무원들의 마음 구석구석엔 이미 은근히 선비정신이 자연스럽게 살아 있다는 것을 명심하여야 할 것이다. 이것이 우리 공무원의 전통적인 긍지이다.

그래서 나는 오늘 여러분에게 새로운 정신을 교육하려는 것이 아니다. 다만 전통적으로 여러분의 몸과 마음속에 이미 (Already), 항상(Always), 깊이 스며들어 있는(Ingrained) 정신을 불러내는 역할을 시도할 뿐이다. 긍지를 가지고 자신감 있게 당당한 선비의 후예로서 세계화의 무대로 나아가자.

안중근 의사는 역대 선비 중에서도 내가 가장 존경하는 분이다. 안중근 의사는 1909년 10월 26일 하얼빈역에서 이토 히로부미를 총살했다. 싸움터에서 적장을 사살하다 체포됐으니 사실 국제법에 따라 포로로서 재판을 받아야 했지만, 일본이 중국 뤼순에 설치한 법정에서 선고를 받고 6개월 만인 1910년 3월 26일에 형장의 이슬로 순국하셨다.

그분이 형장으로 가기 전에 최후로 써 놓은 글씨가 바로 "위국헌신 군인본분(爲國獻身 軍人本分)"이다. 이것이 바로 오랜 세월이 지나도 변치 않는 공인의 본분이다. 나라를 위해 최선을 다하는, "위국헌신"하는 공무원이 있어야 다시는 우리의 국가 주권이 흔들리지 않는다. 오늘날 극동의 사태를 똑바로 보고 우리의 역사가 또다시 우울하게 되풀이되지 말아야 한다. 이것은 그냥 되는 것이 아니다. 전시에는 전쟁터에서, 평화 시에는 공직에서 사심 없이 안중근 의사와 같이 우리의 선비정신을 발휘해야 한다.

삼상의 공부

이제 우리 고급공무원들이 모두 합심하여 우리나라의 현대적 '선비 공무원'이 되어야 한다. 그리고 우리가 영국의 신사적 공인이나 일본의 사무라이식 관료보다도 더욱 훌륭하고 우수해야만 조국의 선진화와 세계화를 이룩할 수 있을 것이다. 세계 10대 교역국에 오르는 등 경제적 기반이 갖춰졌으니 이제는 남의 탓을 해서는 안 된다. 노력해야 한다.

그래서 마지막으로 중국의 명필로 이름을 날렸던 구양순(歐陽詢)의 '삼상(三上)의 공부'를 소개하겠다. 2000년 전 공인의 면학 태도를 보여준다.

그 첫째는 마상(馬上)에서 공부하라는 것이다. 그러니까 이제부터 여러분의 승용차에서는 라디오나 노래가 아니라 자기계발을 할 수 있는 학습적 오디오가 흘러나와야 한다. 둘째가 침상

(寢牀)에서 공부하라는 것이다. 잠들기 전에 핸드폰을 할 것이 아니라 책을 읽다 자라는 것이다. 그리고 셋째가 측상(厠上)에서도 공부하라는 것이다. 오늘날 화장실에는 훌륭한 의자가 갖춰져 있다. 볼일을 보는 그 시간에도 신문을 보지 말고 전문서적을 봐야 한다.

나도 공직을 퇴임한 후 중국의 고전 『백언백화(百言百話)』12권을 탐독하고 있다. 4년 동안 무려 두 번 반을 읽었다. 우리나라를 이끄는 공직자들의 지식의 총화(總和)가 바로 국력이다. 각국마다 국가공무원으로 '지식의 주식회사'를 만들기 위해 치열한 경쟁을 하고 있지 않은가? 그 비교가 국력의 차이가 되는 소프트웨어이기 때문이다.

특히 국장급 이상의 공직자라면 군대로 치면 장군이다. 세계화 시대의 지휘관이나 다름없다. 여러분의 결심에 따라 역사가 달라지는 것이다. 그렇게 우리의 운명이 만들어지고 있다. 지금 우리는 기회로 가득 찬 웅장한 시대에 있다. 그래서 우리 시대는 비전 있는 공무원과 용기 있는 인재를 요구하고 있는 것이다.

1949년 미국이 전성기에 있을 때 미국의 UN 대사였던 하버드대학 세이어(Francis B. Sayre) 박사의 연설이 생각난다. 그 당시 이 연설은 전 미국의 지식인, 교육자 그리고 국가공무원에 보낸 것이었다.

The time is big with opportunity.

우리는 기회에 가득 찬 웅장한 시대에 살고 있다.

Destiny is in the making.

우리의 운명은 지금도 우리가 만들고 있다.

The issues call for men of vision and men of courage.

문제는 비전 있는 사람과 용기 있는 인재를 부르고 있다.

남다른 비전과 용기를 가지고 서구의 문명도 받아들이면서 우리의 전통사상과 선비정신을 합리적으로 접목시켜서 내면화된 프라이드를 지니고 새로운 조국의 미래를 창조하자.

개성상인의 정신을 잇다

기업가와 선비정신의 만남

알뜰했던 개성상인의 근검절약과 관(官)에 대한 독자적인 불굴의 상업정신은 어디에서 나왔을까? 한국전쟁 이후 10만이 넘는 개성상인들이 한국의 상공업계에 뛰어들어, 오늘날 벌써 2세, 3세로 대를 이어 가면서도 소리소문없이 성장을 거듭하여 오늘에 이르고 있다.

한국의 금융, 유통에서 없어서는 안 될 기업으로 자리를 굳혔으면서도 그들은 재벌이니 세계적 기업이니 청와대 면접이니 하는 등의 허세(虛勢)와 허명(虛名)은 물론 그러한 소문까지도 싫어하고 있다. 그들 나름의 뚜렷한 상업철학과 직업정신이 있는 듯하다. 그 흔한 정경유착이라는 쉬운 길도 냉소하며 비켜 가면서도 그들은 상업 본연의 길을 착실하게 걸어가고 있다.

그 성실한 기질과 기개와 정신은 어디서 나왔을까? 거기엔 남다른 전통과 역사적 시련 심지어는 한(恨)이 서려 있는 듯하기까지도 하다. 역사상 진정으로 개성상인이 등장한 것은 600

년 전 고려가 멸망하고 조선왕조가 들어선 이후였다고 한다. 나라를 잃은 고려 왕조의 유능한 사대부들이 넋 잃은 〈수심가〉를 부르다 말고 비장한 이념을 가지고 새 직업을 찾아 나선 것이 바로 개성상인이었다. 그 매력적인 정치나 관직에 대한 미련도 깨끗하게 끊어버리고 한길을 도모한 세월이 오래되었다.

그리고 오직 실질적인 상업에만 열중한 지 수백 년이 흘렀다. 그렇게 그 당시 선비의 혼이 개성상인의 정신 속에 이미 자리를 잡았다. 유능했던 사대부들의 인적 자원이 대거 개성상인의 세계로 유입되었으니 그 지적 수준도 높아졌을 뿐만 아니라 그 상술의 저변에는 선비적인 깔끔한 기질이 가미되어 개성상인의 독자적이고도 특수한 정신과 기개가 형성되었다.

그래서 서양보다도 2세기나 앞서 나온 개성의 복식부기(複式簿記)는 세계에서도 뛰어난 신용과 효율을 증명하고 있었다. 조선 시대에는 민간 무역을 전적으로 금지시켰지만 개성상인들은 전국 주요 거점에 송방(松房)을 만들고 '신용' 하나로 전국적인 판매망을 구축하여 살길을 찾았던 것이다. 사농공상(士農工商)의 마지막으로 천시하던 당시 풍습과 관의 탄압과 규제에도 굴복하지 않고 상업의 역사를 이어온 집념의 역사를 오늘날 우리 기업인은 배워야 할 것이다. 개성상인의 정신은 오늘날 우리 기업의 유산으로 남아 있다.

영국 기업인들에게는 역사적으로 몸에 밴 신사도(Gentleman-ship)가 있다. 일전에 영국의 상원의원과 얘기를 나눈 적이 있는데 과거 파일럿이었던 그 상원의원은 놀랍게도 점잖은 이미지를 풍겼다. 선비의 이미지였다. 미국에 비해 자원이 부족함에도 영국이 세계적인 금융시장을 이끌 수 있었던 것은 돈의 힘이 아니라 바로 그 신사도의 승리다.

미국은 부지런하고 깨끗한 청교도정신(Puritanism)이 있다. 이들은 자유와 평등, 번영을 추구하면서도 또한 불굴의 개척정신이 있다. 미국의 많은 로펌들이 동부에서부터 샌프란시스코까지를 정복하고 지금은 한국에까지 진출하여 사냥감으로 한국의 기업을 겨냥하고 있다. 미국의 프런티어(Frontier) 정신이 한반도까지 상륙한 것이다. 하지만 우리는 무한정한 자본주의의 팽창에 대해서는 도덕적인 경계가 있어야 한다고 경고한다. 이것이 선비정신이다. 오만하면 오래가지 못하는 법이다.

오늘날 세계적인 일본 기업도 그들의 무사 계급인 사무라이 정신을 이어받았다고 한다. 도쿠가와(德川) 정권 15대 쇼군의 동생을 수행하여 유람단으로 프랑스에 갔던 시부사와 에이이치(澁澤榮一)는 사무라이 신분이었는데, 관존민비(官尊民卑)가 없이 국왕 및 조정 대신과 상인이 서로 대화하며 교류하는 모습을 베르사유 궁전에서 보고 놀랐다고 한다. 나아가 네덜란드에서는 국왕이 직접 장사에 관여하는 모습에 충격을 받아 그곳의 은행 제도와 민법, 회사 시스템을 연구하고 일본에 돌아왔다. 직업적인 계층이 없는 그 부국강병의 민족국가가 부러웠던 그는 특히 사농공상의 구별이 없는 것에 큰 인상을 받았던 것이다.

이후 그는 메이지유신에 가담하여 대장성(재무부) 차관에까지 올랐으나 동료들의 만류를 뿌리치고 스스로 자리에서 물러나 경제인으로서 자유롭게 활동했다. 그는 일본에서 상업활동을 하는 이들을 '상인'이 아니라 '실업인(實業人)'으로 부르게 하여 상업에 대한 인식을 바꾸었다. 그는 국립제일은행을 창설했고 93세로 세상을 하직할 때까지 500여 개의 회사를 창립하였다. 그는 일본의 자랑스러운 실업인으로 국가의 부국강병에 앞장섰으며 그 바탕 위에서 오늘의 선진국인 일본이 만들어진 것이다.

그의 경영 철학은 바로 '도덕경제합일설(道德經濟合一說)'이다. 또한 그는 『논어와 주판』이라는 책을 썼다. 그는 다른 나라에서 일본 기업이 배울 것은 없으며 모든 것은 맹자의 『논어』에 담겨있다고 하였다. 그렇게 그는 한 손에는 주판을 또 한 손에는 『논어』를 높이 들고는 일본식 경영을 시작하였다. 그리고 모든 재산을 사회에 환원하는 것이 사무라이의 도임을 밝혔다. 그렇게 시부사와는 바로 오늘날 일본 자본주의의 원점(原點)으로서 국민의 존경을 받고 있다. 그래서 시부사와가 양성한 인재이자 오늘날 일본에서 '경영의 신'이라 불리는 마쓰시다 고노스케(松下幸之助)의 의숙(義塾)에서는 세계 각지에서 경영을 배우기 위해 온 기업인들에게 『논어』를 가르친다고 한다. 기업인보다는 인재를 먼저 기르는 일본 사무라이식 전통을 유지하고 있다.

우리 조선의 선비는 20세기 초에 일찍 개화한 군인 관료 실업인인 일본의 사무라이 계급의 침략으로 36년 동안 치욕을 겪었다. 조선 말기의 폐쇄적인 의식구조와 비합리적인 사고방식의 패배였다. 그러나 해방이 되고, 미국식 비즈니스맨의 합리적이고 개척적인 정신을 본받게 되었으며 조선조 600년의 전통인 호학(好學)의 저력으로 21세기를 앞둔 오늘날 세계 10대 교역국으로 발전했다. 선비문화의 '선교육, 후개발' 이념으로 6.25의 시련을 극복하고 5개년 경제계획을 일곱 번이나 성공하여 해방 후 36년만에 비약적인 경제 발전을 하였다.

　　스위스은행연합(Union Bank of Switzerland) 조사국의 1995년 발표에 의하면 21세기에는 한국이 세계제일의 국가경쟁력을 가지게 될 것이라고 하였다. 그 근거로 한국은 교육열이 뜨겁고, 탄탄한 가족제도로 사회적 유대가 강하며, 성취력이 뛰어난 데다가 '안 되는 일을 되게 하라'는 추진력과 신바람이 있음을 제시했다. 이것을 미국 하버드대학의 유교학 교수 두웨이밍(Tu Wei-Ming)은 "제2의 자본주의(Second Capitalism)"이라며 높여주고 있다. 1994년에 300명이던 두웨이밍 교수의 수강생이 1995년에 500명으로 증가했다고 하니 놀라운 일이다. 그래서 대학 총장은 그에게 큰 강당을 교실로 배당하였다고 한다. 어떻게 해서 한국이 30년 만에 잿더미 경제에서 소득 만 불의 경제발전을 만들어 낼 수 있었을까? 그 무서운 저력은 어디에서 나왔을까? 경제 이론이나 정책보다는 문화와 전통의 힘이 더 컸던 것이 아닌가?

이것은 오늘날 새로운 연구과제가 되었다. 영국에서 애덤 스미스의 『국부론(國富論)』은 지금까지도 자본주의의 귀중한 원전이다. 그러나 그는 원래 윤리 학자였다. 모든 경제는 인위성사(人爲成事)이다. 사람이 이루어 놓는다. 사람의 그 정향(正向)된 마음은 어디서 나오는가? 그것은 사회의 문화와 윤리와 도(道)에서 움터 나온다는 것이다. 그는 "인간=마음=도"의 구도에서 생산성이 나오고 국부(國富)가 나온다고 강조하였다. 그렇다면 '아시아의 네 마리 용'의 기적은 유교문화의 도에서 찾을 수밖에 없다. 기적적인 경제발전의 토대는 바로 그 유교문화의 윤리와 이념 그리고 가치관과 행태에서 우러나오고 있다는 말이다. 그 문화의 핵심적인 인재와 정신은 누구이며 무엇인가? 바로 우리나라 선비정신의 전통이다.

"배우고 때로 익히니 기쁘지 아니한가?" 이것은 바로 논어의 첫 문장이다. 해방 후 36년 동안 우리의 기업인은 바로 학이시습(學而時習)의 정신으로 정진해 왔다. 호학의 상인들, 그들이 바로 21세기의 선비들이었다. 원래 한국의 유교권엔 원칙적으로 계급이 없었다. 사농공상은 직업을 분류하는 체계였지만 인도의 카스트 제도나 유럽의 노예제도와는 전혀 다르다.

오늘날에는 아무리 높은 관직에 있더라도 3대만 공부하지 않고 놀면서 타락하면 누구나 곧바로 현대적 의미의 천민이 되는 것이다. 그래서 학습 즉 러닝(Learning)은 바로 오늘날의 새로운 계급을 융통성 있게 형성하고 있는 것이다. 아마도 한국의 기업인만큼 부지런하게 공부하는 사람도 없을 것이다. 이는 호학의 선비전통을 충실히 이어받고 있는 것이 아닌가?

그리고 오늘날 한국의 기업인만큼 백성의 고용을 널리 창출한 업적도 아마 단군 이래 5천 년 동안 없었을 것이다. 원래 선비란 '어질고 배운 사람'으로 후덕한 지도자의 역할을 하는 사람들이다. 사대부란 그중에서 입신출세를 이룬 선비였다. 그렇다면 오늘날 무관(無冠)의 한국 기업인은 당당한 선비의 역할을 다하고 있는 것이 아닌가?

그래서 나는 그들을 영웅(英雄)이라 부른다. 우리 사회에서 영웅은 단어 자체가 중요하다. "초지정수자(草之精秀者)는 위지영(謂之英)"이고 "수지장군자(獸之將群者)는 위지웅(謂之雄)"이라 했다. 들풀 중에서 가려 뽑은 꽃이며, 앞장서서 무리를 이끌어가는 짐승이다.

> 빼어난 가는 잎새 굳은 듯 보드랍고
> 자줏빛 굵은 대공 하얀한 꽃이 벌고
> 이슬은 구슬이 되어 마디마디 달렸다.
> －이병기의 난초 연시조 中에서

들풀 중에서 가려 뽑은 꽃은 바로 난초이다. 이 "빼어난 가는 잎새"는 우리 사회의 엘리트(Elite)를 말한다. 앞장서서 무리를 이끄는 자는 다름 아닌 리더(Leader)이다. 이는 기업을 경영하는 사장이란 곧 우리 국민 중에서 가려 뽑힌 소수의 엘리트이자 기업구성원과 시장을 선도하는 리더라는 의미이다. 우리 사회에서 훌륭하게 뽑혀서 사원을 끌고 나가고 있는 사람이 바로 영웅이다. 과연 사장이 되기란 영웅이 되는 것만큼 힘들다. 대소를 막론하고 오늘날 현역의 사장은 위대하다. 그들이 선비이다. 나랏돈만을 정기적으로 받아서 나누어 주고 있는 안일한 직업보다는 훨씬 어렵다. 평시에도 생사를 걸고 따르는 사원들의 삶을 책임지고 있는 현대적인 무관의 선비들이다.

다만 우리 '선비 사장'들의 적은 밖에 있는 것이 아니라 그들 마음속에 도사리고 있다. 언제나 이 나라 인습(因習)에 눌려서 자기 자신을 소개할 때 "그저 조그만 장사꾼에 지나지 않습니다"라고 하면서 그 자존심을 포기하고 있지는 않은가? 우리 기업인의 '선비다움'이 없이는 우리 경제는 절대로 세계화하지 못할 것이다.

우리는 오늘날 G7 선진국을 쫓는 것을 마치 우리나라의 국시(國是)와 같이 여기고 있다. 그러면서도 우리는 그 G7 선진국을 모르고 있다. 우리의 기업인들은 선진국으로 향하는 길목을 크게 놓치고 있는 것이 아닌지 돌아봐야 한다. G7 국가들은 경제대국이면서도 세계문화의 조류에 공헌하고 있는 문명국이다. 장사꾼들의 나라가 아니다. 부의 단순한 축적에 그 기준이 있다면 선진국 리스트는 바뀌어야 할 것이다.

그런데 우리는 그들을 뒤쫓으면서도 경제 비전은 물질만능주의로 타락되어 가고 있지 않은가? KDI의 엄청난 숫자적 성과에만 도취되어 벗어나지 못하고 있지 않은가? 세계적으로 부끄럽고 창피한 부도덕함으로 우리의 경제력을 오히려 격하시키는 것이 아닌가? 국내의 부정부패, 부실한 백화점의 붕괴, 정경유착의 세계적인 재판, 폭력, 독선…. 비도덕적이고 반윤리적인, 한마디로 '비선비적인' 국가 사회의 지표와 홍보로는 절대로 우리가 G7을 따라잡지 못할 것이다. G7 국가의 기업가들에게 그 나름대로의 긍지가 뚜렷하게 풍기는 이유가 있다.

이제는 모방과 예속에서 벗어난 우리 문화 속의 경제발전 방식을 언급해야 한다. 아무리 10대 교역국이 됐어도 우리가 문화적·도덕적으로 존경받지 못한다면 우리는 국제사회에서 영원히 '봉'으로 남을 것이다. 주인공이 못 되고 객체밖에는 안 되는 것이다. 그래서 앞으로 세계 경제의 주체가 되기 위해서는 기업에서도 선비문화를 일으켜야 할 것이다. 우리 기업인이 선비정신의 프라이드를 내면화하면서 영국의 '신사 기업인'과 대등하게 상담할 때 그것이 바로 세계화인 것이다.

그러기 위해서는 오늘날같이 우리 기업 속에서 물질만능의 사고에 대응할 정신적인 균형이 시급한 때가 없을 것이다. 우리가 벌어들인 돈으로 우리 국민은 해외 여행지에서 한풀이 관광을 하고 있다. 곰의 발바닥, 쓸개를 삼키면서 방종하고 있지 않는가? 한때 돈벌레, 이코노믹애니멀(Economic Animal)이라 불리는 것은 일본이었는데, 오늘날은 해외에서까지 '어글리코리안

(Ugly Korean)'이 유명세를 떨치고 있다.

　이러한 치명적인 이미지를 깨끗하게 없앨 수 있는 한마디 단어가 무엇인가? 바로 '선비 한국인(Sun-bee Korean)'이다. 우리의 600년 윤리와 도덕과 문화가 농축된 선비정신을 우리의 막강한 기업문화에 합류시켜야 할 때가 온 것이다. 세계 어느 곳에서는 '대한민국'이라는 나라 이름보다는 오히려 우리나라 대기업의 이름이 더 유명하고 좋은 이미지를 갖고 있다고 한다. 한국보다는 한국 기업의 브랜드에 대해서는 오히려 문화적이고 후덕하고 화끈하다는 평가가 많다. 그것이 바로 선비정신의 줄기가 아닌가?

　수백 년간 이어진 우리 선비들의 덕목이 오늘에 적용될 수가 있다. 수기치인 팔덕목과 수령칠사는 오늘날 기업인에 대한 훌륭한 평가표가 될 것이다. 그것을 살리는 운동이 우리 기업에서 우러나와야 할 것이다.

경영자와 선비의 평가표

　7월이 되면 이육사의 시 〈청포도〉가 생각난다. 선비는 무엇인가? 선비는 문사철, 즉 문학, 사학, 철학에 강해야 하고 시서화에 능숙해야 한다. 우리 모두는 선비로서 자격을 갖추고 있다. 어디서든 시는 하나 읊을 수 있어야 선비이지 돈 버는 법만 이야기해서는 안 된다.

청포도

내 고장 칠월은
청포도가 익어 가는 시절.

이 마을 전설이 주저리주저리 열리고
먼 데 하늘이 꿈꾸며 알알이 들어와 박혀

하늘 밑 푸른 바다가 가슴을 열고
흰 돛단배가 곱게 밀려서 오면

내가 바라는 손님은 고달픈 몸으로
청포(青袍)를 입고 찾아온다고 했으니,

내 그를 맞아, 이 포도를 따 먹으면
두 손은 함뿍 적셔도 좋으련.

아이야, 우리 식탁엔 은쟁반에
하이얀 모시 수건을 마련해 두렴.

　우리 기업인들은 청포도가 무르익은 계절에 고달픈 몸으로 청포를 입고 나섰다. 그렇게 해방 후 60여 년의 짧은 기간 동안 우리가 노력하고 애써서 고도의 경제 성장을 이룩해 내었다. 그 눈부신 경제 개혁의 주인공이 바로 한국의 기업인들이다.
　싱가포르 총리였던 리콴유(李光耀)는 1995년 12월 11일 일본

아사히신문의 주최로 열린 포럼 '아시아의 미래(Future of the Asia)'에서 한 기조연설에서 한국의 무서운 잠재력을 예언했다. 그는 2006년에 한국이 평균 소득 2만 불을 달성할 것이며 생활 수준은 곧 미국을 따라잡을 거라 하였다. 지금 우리 사회의 모습은 어떤가? 그렇게 되지 않았는가?

전 미국 국무장관 조지 슐츠(George P. Shultz)는 1992년 제2회 서울평화상을 수상하면서 다음과 같이 수상소감을 말했다.

The breathtaking performance of South Korea over the past three decades has shown to the world what can be done by talented and energetic people when they are given latitude, incentive and leadership.

지난 30여 년간 대한민국이 이룩한 놀라운 업적은 유능하고 정력적인 국민에게 자유, 동기 그리고 지도력이 주어진다면 어떠한 일도 성취해 낼 수 있다는 것을 전 세계에 잘 보여 주었다.

특히 그는 "놀라운 업적(breathtaking performance)"를 강조했으며 그 주역은 우리나라의 자랑스러운 기업인들이다.

한국은 역사적으로 300년마다 운이 트인다고 했다. 15세기 세종 시대에 국운이 트였으며 다음 18세기 영·정조 시대에 굉장히 문화가 발달했다. 1800년 정조가 죽은 이후 우리나라는 쇠퇴하기 시작했으며 결국 21세기 IMF 경제 위기로 그 바닥까지 내려왔다. 21세기가 되면 다시 운이 트여야 하는데 무슨 일일까? 모두가 짐작하듯 국운이 다시 트인 것은 2002년 월드컵 때부터다. 그 월드컵 기간 동안 열광적으로 대한민국을 외친 세대를 2029세대라고 부른다. 20살부터 29살 젊은이가 대단한 에너지를 가지고 거리응원에 동참했다. 불굴의 기업인들과 신세대 젊은이가 함께한다면 21세기야말로 우리 역사상 경제발전의 절정기가 될 것이다. 하지만 지금까지 그래왔던 것처럼 종속적이고 남의 뒤를 따르는 것만으로 이를 이룰 수는 없다. 여기에 한국 기업가의 이미지가 중요하다.

히딩크는 그 자신만의 이미지를 갖고 있다. 네덜란드인은 공돈을 쓰지 않는다. '더치페이(dutch pay)'이다. 거기에 부정적인 이미지가 있을 수는 없다. 한국의 이미지는 무엇인가?

영국에는 신사도가 있고, 미국에는 개척정신이 있고, 독일에는 융커 정신이있다. 일본은 사무라이 정신이 있다. 일본에서 시부사와 에이이치, 마쓰시다 고노스케의 뒤를 잇는 저명한 기업가로 도코 도시오(土光敏夫)를 꼽을 수 있다. 제조회사인 도시바를 창립한 그는 20평 남짓한 집에 살았으며, 평생 이발소에 가지 않고 아들에게 이발을 받았다고 한다. 사우나도 가지 않았으며, 평소 JR철도를 타고 다닐 정도로 근검했다. 그가 일본 경제단체연합회인 경단련(經團連)의 회장이 되었을 때 한 정치가가 정치자금을 요구하자, 기자들 앞에서 "백주의 날강도 같은 이들이 바로 정치가다"라며 파격적으로 말한 것이 당시 일본의 전 신문에 보도되었다. 이처럼 그는 정경유착을 전면 반대했으며 이후부터는 일본에서 정치가들은 기업가에게 함부로 정치자금을 요구하지 못했다. 도코는 근검절약의 생활습관과 철저한 국가관을 실천하였고, 그가 벌어들인 모든 이익을 자신의 모친이 설립한 다치바나여자고등학교에 기증했다. 여성 교육에 힘써야 훌륭한 여성 인재를 배출할 수 있다고 생각했기 때문이다. 당시 도코 도시오의 대쪽같은 모습에 정치가들도 쩔쩔맸다고 한다. 그런데 우리 기업은 정치와 결탁하여 몇십억씩 부정한 돈을 주고받는 일이 심심치 않게 벌어진다. 이래서야 우리나라의 어떤 기업이 자본주의의 원점이 되겠는가? 다시 생각하지 않으면 안 된다.

그러면 우리의 원점은 무엇인가? 1910년에 일본에 의해 강제로 합병당한 이후 철저히 근대화가 강요되었다. 거기에 우리의 주체성은 찾아볼 수 없었다. 1945년 해방이 되고 다시 한국전쟁이 일어난 이후에도 반공과 효율만 따졌지 우리의 전통과 가치는 하등 생각해본 적이 없다. 그리고 오늘날에는 경제학보다 경영학이, 정치학보다 행정학이 우선되고 있다. 기술적이고 효율적인 것만 따졌지 정신적인 가치관은 우리 사회에서 철저하게 배제하고 있다. 여기에 우리의 문제가 있다.

선비는 단순히 언어학적으로 중국의 단어를 번역한 것이 아니다. 선비정신은 단군부터 을지문덕, 화랑도로 계속 이어져 왔으며 지금 우리에게까지 이어진 것이다. 나는 우리가 IMF와 같은 경제 위기를 맞게 된 원인이 우리 전통문화의 선비 교훈을 망각했기 때문이라고 본다. 이것을 망각하고 비선비적인 경제활동을 했기 때문이다. 그리고 거기에는 노블레스 오블리주(Noblesse oblige)도 존재하지 않았다.

첫째, 우리 선비들은 "빚을 두려워하라"고 했다. 옛말에 빚진 죄인이 무섭다고 했다. 우리는 과잉투자, 부실투자를 하면서 이 교훈을 망각했다. 결국 '빚 불감증'으로 우리 것을 싸구려로 팔아야 했다.

둘째, "분수를 지켜라"라고 했다. 수분(守分)하는 선비의 마음이 필요했다. 하지만 우리는 분수를 지키지 못하고 분수보다 많이 소비했다. 물질적 해결은 한계가 있다. 언제나 부족하다.

셋째, "염치 있게 살아라"고 했다. 선비의 예(藝), 의(義), 염(廉), 치(恥)는 우리나라의 근간이 되는 기본적인 4위(爲)에 속하는 것이다. 지금 우리는 창피를 모른다. 오히려 교도소를 갔다 오면 훈장을 받았다고 떠드는 세상이다. 함량 미달의 사람들이 지도자가 되었고 이는 국가경쟁력 저하로 이어졌다.

넷째, 화이부동(和而不同)이라는 선비 군자의 교훈을 잊었다. 돈이 조금 생겼다고 해외에서 교만했다. 외국인들은 한국이 돈 푼을 벌어 으스댄다며 비난했고, IMF를 맞았을 때 우리가 벌을 받은 거라고 했다. 그 결과 한국인을 인격적으로 우습게 보는 상황까지 이르게 되었다. 비선비적인 행동의 결과다.

다섯째, 절도(節度)의 정신이다. 엄연히 안 되는 것이 있고 되는 것의 구분이 있는데, 우리는 그런 것이 없었다. 돈만 많다고 다 상류사회를 이루는 것이 아니다. 권력과 부와 명예를 나눌 줄 알아야 한다. 한국 사회는 돈과 권력에 중독되고 이익집단에, 종교에, 섹스에 중독되었다. 이런 한탕주의 때문에 IMF 위기를 맞을 수밖에 없었던 거라고 나는 생각한다.

앞서도 말했지만, 이를 회복하기 위해서는 선비의 수기치인 팔덕목이 필요하다. 자기를 수양하는 다섯 가지 덕목, 남을 리드하는 세 가지 덕목이다. 이 수기치인 팔덕목을 현대식으로 풀이하여 기업인이 직접 실천하고 또 사원들에게도 자주 얘기하는 것이 바로 '선비운동'이다. 수기치인 팔덕목을 하나씩 살펴보자.

우선 수기의 첫째 덕목은 청백(淸白)해야 한다는 것이다. 공직자에게나 중요한 덕목이라고 생각할 수 있겠으나 장사하는 사람이 갖추어야 할 가장 중요한 덕목이다. 돈이 오가는 일인 만큼 공직자보다도 청렴결백하고 투명한 경영에 가치를 두어야 한다. 부패한 경영은 부패한 정치를 부르고 결국 국민을 부패하게 하는 것이다. 다산 정약용은 "대탐필염(大貪必廉)"이라고 하였다. 욕심이 많은 자는 반드시 청백해야 한다는 뜻이다. 장사가 투명하고 건전하게 이뤄져야지만 더 크게 성공할 수 있다는 점을 명심해야 한다.

둘째가 근검(勤儉)이다. 장사에 있어 근면함과 검소함은 빼놓을 수 없다. 또한 이는 수많은 기업인 성공 사례의 원인으로 늘 손꼽히는 덕목이기도 하다. 사치하지 않고 절약을 통해 아낀 자본은 다시 회사에 투자하여 기반을 차근히 다지는 것은 기업 운영의 기초가 된다. 장사를 하려면 아주 부지런해야 한다. 그리고 위로 올라갈수록 더욱 근검하고 겸손해야 한다. 근검할수록 돈의 가치를 아는 것이며, 그 가치를 아는 것이 결국 기업인의 가치를 높이는 것이다.

셋째, 후덕(厚德)이다. 이것은 영어로 번역이 안 된다. 우리 민족의 소박한 기복(祈福) 종교에서 유래한 말이다. "이제 가면 언제 오나, 에헤~야." 이러한 상엿소리는 죽은 사람이 생전에 얼마나 후덕을 베푸는 삶을 살았는지 물어보는 것이다. 배고픈 이에게 밥을 줘서 '활인공덕'한 적 있느냐? 헐벗은 이에게 옷을 줘서 '구난공덕'한 적 있느냐? 집 없는 이에게 '행인공덕'한 적 있느냐? 그래서 우리 선조들은 손님이 오면 자기가 먹던 밥을 내어주고 자기는 냉수를 마시면서 하얗게 끓여진 것이 보약, 백불탕이라고 말했다. 이렇게 해서 손님을 대접했다. 왜 그랬을까? 조국을 위해서가 아니다. 내 자식이 바깥에 나가면 그런 대우를 받기 바라는 마음에서 그런 것이다. 집안이 잘되게 하기 위해서다. 지금 우리는 스스로 똑똑해서가 아니라 그분들의 자식이기 때문에 그 선조들의 후덕으로 여기까지 온 것이다. 기업들도 국가와 사회로부터 받은 지원을 통해 성장할 수 있었다. 따라서 후덕의 덕목을 새기며 다시 국가와 사회에 공헌하여야 한다.

넷째, 경효(敬孝)다. 이것도 서양에는 없는 것이다. 효는 우리 민족의 근본이다. 그러나 넓게 보면 사실 이는 인류애를 위한 근본이다. 스위스은행연합은 오래전에 경효를 한국의 특징으로 꼽았다. 이들은 뉴욕의 주가를 오르락내리락하게 할 만큼 대단한 영향력을 행사한다. 스위스은행연합에서 한국의 국가경쟁력이 세계 최고가 될 것이라고 예측한 보고서를 내놓자, 그 논문을 쓴 이들을 직접 만난 한국의 송병락 교수는 당시 우리 경제가 엉망이므로, 1등은 곤란하니 10등으로 낮춰달라는 농담 섞인 말을 했다고 한다. 그러자 그들은 교육열, 가족주의, 업적주의, 신바람을 언급하며 이 네 가지를 가진 나라는 세계적으로 한국밖에 없으니, 21세기에는 한국이 가장 경제적으로 발전할 거라고 하였다. 이에 송병락 교수는 아무 말도 못하고 돌아섰다고 한다. 이것이 '아시아적 가치(Asian Value)'이다. 하버드대학의 두웨이밍 교수는 유교적인 관습과 가치가 가장 짙은 곳이 서울이라고 하였다. 그 두 번째 도시가 홍콩, 그다음이 일본 센다이, 그리고 중국의 상하이 순으로 경효가 강하다고 했다. 이는 대단한 가족제도의 근본이다. 한국 경제를 일으킬 수 있었던 원동력이다. 기업인들은 어른다운 모습을 갖추고 상경하애의 경영을해야 한다. 이것도 경영학 원리에 들어가는 것이다.

수기의 마지막 덕목은 인의(仁義)이다. 살신성인(殺身成仁)과 견리사의(見利思義)의 덕목이다. 이 두 단어를 보면 안중근 의사가 생각난다. 안중근 의사야말로 나라를 사랑한 사람이다. 안중근 의사는 황해도의 갑부 중 갑부였다. 원래 이름 있는 선비집안에서 태어났다. 안중근 의사의 조부는 진해현감으로 있다가 정치적인 이유로 황해도로 낙향하였다. 안중근 의사는 본래 학교를 세워 육영사업을 하는 데에 뜻이 있었다. 나라의 백년대계를 위해 사유재산을 전부 털어 진남포에 삼흥학교(三興學校)를 세우고 돈의학교(敦義學校)를 인수하여 교장이자 교사로 역사와 지리를 가르쳤다. 진남포에 세운 삼흥학교는 '선비가 흥하고 국민이 흥하면 나라가 흥한다'는 뜻이 담겨있었다.

그러나 1907년 8월 1일 대한제국군이 일제에 의해 해산된 후 나라가 어지러워지자 학교를 떠나 총을 잡았다. 러시아 블라디보스토크로 망명하여 11명의 동지와 함께 단지혈맹(斷指血盟)을 맺고, 의병 중장으로 회령에서 일본과 싸웠다. 의병 400명으로 일본군 5천 명을 대적하였는데, 부하들의 반대에도 불구하고 인륜에 따라 포로를 석방한 일도 있었다. 그러던 중 어느 신문에서 이토 히로부미가 하얼빈역에 온다는 기사를 본 안중근은 그를 사살할 결심을 하고 행동에 나섰다. 1909년 10월 26일 하얼빈역에 잠입하여 역전에서 러시아군의 군례를 받는 이토 히로부미를 사살하고 현장에서 러시아 경찰관에게 체포되었던 것이다. 안중근은 이토 히로부미를 처단한 열다섯 가지 이유를 말했는데, "이토 히로부미가 있으면 동양의 평화를 어지럽게 하고 한일 간이 멀어지기 때문에 한국의 의병 중장의 자격으로 죄인을 처단한 것이다"라고 하였다.

결국 그는 뤼순의 일본 감옥에 수감되었다. 그때 그의 어머니 조마리아 여사가 편지를 보내왔다. 편지의 내용은 다음과 같았다. "응칠아, 너 잘했다. 너는 국가를 위해서 잘했다. 너와 나의 모자의 상면은 이승에서는 잊기로 하자. 주님에 의해 저승에서 만나자." 일본인 형무소장은 이 편지를 먼저 읽고 더 떨었다고 한다.

안중근 의사에게는 일주일 만에 사형이 선고되었고 조마리아 여사가 다시 편지를 썼다. "네가 혹시 늙은 어미보다 먼저 죽는 것을 불효로 여기지 마라. 그것을 위해 일본 사람들에게 생명을 구걸하거나 연장하지 마라. 응칠아, 너 상고하지 마라." 그리고 편지와 함께 수의를 보낸 것이다. 이 편지는 당시 일본 신문에 「그 어머니에 그 자식이다(是母是子)」라는 제목으로 실렸고 기사를 본 일본인들은 놀랐다. 일본의 팽창적인 제국주의를 일본 사람을 대신해 안중근 의사가 쏴서 죽였다고 생각한 일본인들은 안중근 의사를 존경하게 되었다. 젊은 청년이 이토 히로부미의 침략을 조금 오해했었다는 식으로 변명한다면 석 달 후 보석을 신청할 가능성도 있었으나, 의지를 굽히지 않는 어머니의 편지와 본인의 성품으로 상고를 포기한 것이다. 일본은 형무소에 안중근을 가두고 간수로 일본 관동군 헌병을 배정했는데 그가 바로 지바 도시치였다. 민족독립에 대한 안중근 의사의 간절한 염원에 감동한 지바는 간수와 죄수라는 관계, 국적의 차이라는 한계를 초월하여 안중근 의사를 가슴 깊이 존경하게 되었다.

1910년 3월 26일 사형장에 나가기 직전 안중근 의사는 지바의 간청에 의해 그에게 직접 글을 써주었다. 그것이 생전 마지막

글인 "위국헌신 군인본분(爲國獻身, 軍人本分)", 즉 "나라를 위해 목숨을 바치는 것은 군인의 본분이다"였다. 일본으로 돌아온 지바는 안중근 의사의 영정과 묵서(墨書)를 불단에 바치고 그의 명복을 빌었다. 지바 사후 유족들은 이 글을 박정희 대통령에게 보였고 1975년 박 대통령은 남산에 안중근 의사의 사당을 만들었다.

안중근 의사가 순국했을 때 그의 나이는 만 31세였다. 그는 모친과 부인, 두 아들을 두고 조국을 위해 최후의 헌신을 하였다. 살신성인과 견리사의의 인의를 이보다 더 잘 실천한 삶이 있을까? 이러한 전통과 정신을 기리기 위하여 인의의 수기 덕목은 더 강조해도 지나침이 없는 것이다.

그리고 치인의 세 가지 덕목은 선정(善政)과 충성(忠誠), 그리고 준법(遵法)이다. 첫째, 선정은 백성을 바르고 어질게 잘 다스리는 것이다. 회사도 한 나라를 축소한 것이나 다름없다. 세종은 백성의 곤궁을 알고 그들과 함께하기 위해 초가삼간을 지어 그곳에서 지냈다. 위에서부터 모범을 보이는 인본의 경영이야말로 장사하는 데 있어 중요하다. 둘째, 충성은 다른 사람을 이끄는 리더십의 덕목이기도 하다. 조직에 충성심을 가지고 주인의식이 있어야 진정으로 성과를 내는 리더십을 발휘할 수 있으며 결국 회사를 잘 이끌어나갈 수 있는 것이다. 셋째, 준법은 정당한 이윤 추구를 위해 추구해야 할 합리적이고 기초적인 것이다.

이상이 600년을 내려온 전통의 수기 덕목이다. 한국 기업이 수기치인 팔덕목을 갖췄다는 것은 세계적이고 보편적인 지도자의 덕목을 가지는 것이다. 600년 내려온 전통으로 깊이 뿌리박힌 우리 문화가 우리 가정에서부터 나오고 항상 몸에 배어있다. 기업에서는 이것을 개척해 나가야 한다.

CEO는 기업을 경영하고 남을 리드해야 할 위치에 있다. 조선조의 수령칠사는 지방관의 업적을 평가하는 일곱 가지 기준이었다. 지방관으로 발령이 되어 내려가기 전에도 수령칠사를 외우며 잘 지킬 것을 다짐했으며, 감사를 할 때에도 장부를 먼저 보는 것이 아니라 수령칠사를 얼마나 충족했는지를 보았다. 수령칠사는 600년 내려온 치인 덕목의 하나인 준법에 대한 평가 조항이기도 하였다. 따라서 현대 기업에도 이것을 적용해야 한다.

첫째, 농상성(農桑盛)이다. 농사에 풍년이 들게 하고, 뽕나무를 무성하게 자라게 해 산업을 일으켰는지를 따지는 것이다. 이것을 현대 기업에 적용하면 생산 증가, 시장 개척에 대한 평가가 될 것이다.

둘째, 호구증(戶口增)이다. 그 지방 인구의 증감과 그 이유를 평가하는 것으로, 주민이 감소하고 다른 지방으로 이주하기를 원하는 주민이 늘어난다면 대체로 행정을 잘못했다고 볼 수 있다. 고용 능력을 통해 기업의 성장과 잠재력을 평가할 수 있는 기준이다.

셋째, 학교흥(學校興)이다. 교육 사업을 얼마만큼 발전시켰는가에 대한 평가로, 어린아이부터 성인에 이르기까지 백성들의 교육 여건을 충실하게 다졌는지 여부를 말한다. 이것을 기업에 적용한다면 인재양성과 문화창달에 대한 평가가 될 것이다.

넷째, 군정수(軍政修)이다. 관청의 질서를 확립하고, 그 지역 주민의 안전한 삶을 보장하기 위해 노력한 정도를 평가하는 것이다. 기업 경영에 있어 공정성과 투명성, 조직의 기강 증대와 사원 안전 대책이 여기에 포함된다.

다섯째, 부역균(賦役均)이다. 조세 징수를 비롯한 주민 부담을 공정하게 처리해 불만을 사는 일이 없어야 한다는 것이다. 업무의 효율성과 인력 운용에 낭비 요소를 줄여 구조조정은 제대로 했는지를 따져보는 일이다. 즉 기업효율과 경영혁신을 평가하는 것이다.

여섯째, 사송간(詞訟簡)이다. 주민들 간에 갈등과 반목, 분열과 투쟁을 불러일으키지 않고 상호 이해와 화합, 공동체 의식과 공동번영의 분위기로 이끌었는지를 평가하는 것이다. 노사 갈등 문제 혹은 기업 간 분쟁에 있어 책임의식을 가지고 공정한 중재자로서 그 역할을 다했는지도 평가의 대상이다.

일곱째, 교활식(狡猾息)이다. 범죄가 줄었는지 늘었는지에 따른 치안 확보의 정도를 평가하는 것이다. 정치와 결탁하지 않았는지, 내부의 비리를 척결했는지, 미풍양속을 계승·발전시키고 사회에 공헌하기 위한 노력으로 어떤 것을 내세울 수 있는가 등까지도 평가되어야 할 것이다.

자신 있게 얘기하자면 현대의 기업인이야말로 선비이고 사대부다. 이 말은 고리타분해 보일지도 모른다. 하지만 오늘날 장관이 부실하여도 벼슬아치라고 하는데, 돈을 벌기 위해서 돈을 번 사람은 졸부라고 한다. 그다음 순위의 장사치로 보는 것이다. 여기에 비경제적이고 인격적인 뭔가를 갖춰야 한다.

피터 드러커(Peter F. Drucker)가 쓴 『넥스트 소사이어티(Next Society)』의 내용을 보면 앞으로는 농업이 망했듯이 공업과 제품 제조업이 망할 거라고 하였다. 또한 젊은이들이 일을 못 할 거라고 예측하였다. 이는 정년이 75세까지 늦춰져 노인들이 일을 해야 한다는 것이며 즉, 노인사회가 된다는 것이다. 그리고 지식사회가 된다고 하였는데 그런 사회가 되면 정신적인 불안, 신경적인 쇠약이 일어난다.

이런 것을 대비하려면 커뮤니티에 공헌하고 뒷받침하는 것이 있어야 한다. 시도 써야 하고 글도 써야 한다. 한국GE의 강석진 회장은 어떻게 본사 회장인 잭 웰치로부터 그렇게 신용을 받을 수 있었을까? "수입이 얼마입니다" 하고 아첨했다면 신용을 받지 못했을 것이다. 그러나 강 회장은 "요즘 그림이 잘 안 됩니다"라고 대화를 이끌어 나갔다. 그러니까 그림 그리는 선비로 인정을 받는 것이다. 이것은 차원이 다른 것이다. 공동체에 인격적으로 자선할 수 있는 취미를 생각하고 사원들에게 이야기하는 것이 선비적인 CEO의 방향이고 역할이다. 이것이 너무 국산품이라고 해서 고리타분하다고 느끼면 안 된다.

IMF 총재를 지낸 캉드쉬(Michel Camdessus)가 처음 한국에 와서 우리가 IMF 경제 위기를 맞게 된 이유를 말하길 첫째, 돈이 없다는 것이었다. 둘째, 국가공무원들이 국제정세에 문외한이 란 것이다. 셋째, 한국의 모든 장부를 믿을 수 없다는 것이다. 하지만 나는 한국의 장부는 세계적이라고 말한다. 개성상인이 만든 송도사개치부법(松都四介治簿法)을 보자. 고려가 망하고 조 선조가 들어올 때 고려의 수도였던 개성의 선비는 고려의 선비 들이었다. 이들은 예성강, 임진강, 한강 주변에서 엘리트의식을 가지고 장사를 했다. 무역을 시작하고 인삼도 개발했다. 유럽 중상주의 장부보다 200년 앞선 복식부기를 만든 것이 바로 이 들, 개성의 선비 상인들이 한 것이다. 그것이 지금 어느 은행에 보관되어 있다. 세계 최초의 복식부기는 한국이 만들어 냈지만, 그간 선비정신이 없었기 때문에 지금의 거짓 장부가 생겨난 것 이다.

'마지막 개성상인'으로 불리는 동양화학 이회림 회장의 자서 전을 보면 그는 신용을 곧 상도로 여기고 목숨처럼 중요하게 생각했다는 것을 알 수 있다. 처음에는 월급도 없이 밥만 먹고 심부름을 해서 신용을 얻어야 한다. 그것이 어느 정도 되면 밑천 을 주고 장사를 하게 하고 그것은 장사를 키워서 5년 내에 갚아 야 한다. 신용이 없다면 살아남을 수 없다. 이것이 개성상인의 정신이다. 해방 후 10만 명의 개성상인이 이곳으로 왔다. 그 사 람들이 어디 정경유착한 것을 보았는가. '개성 깍쟁이'라는 말 이 있지만, 개성상인은 경우가 바르다. 네덜란드의 '더치페이'

에 비견된다. 선비의 상도가 근대화된 오늘날에도 고스란히 드러나는 것이다. 이런 것이 앞으로도 계승되어야 한다. 우리는 개성상인들이 만들었던 사회를 잘 생각하고 그들이 목숨처럼 지켜왔던 가치에 대해 자신 있게 말할 수 있어야 한다.

21세기 CEO가 가져야 할 것은 개성상인의 선비정신이다. 그러기 위해서 여러분들이 가야 할 길은 무엇인가? 첫째, 탈냉전, 탈이념의 시대를 가야한다. 한국 전통문화를 재창조하고 선비정신을 현대의 기업정신으로 내면화하여 세계로 진출해야 한다. 우리는 선비정신에 의해 계약을 맺는다고 떳떳하게 말할 수 있어야 한다. 둘째, 탈근대화의 시대를 가야 한다. 도덕적 선진화로 '어글리코리안'에서 '선비코리안'으로 이미지를 바꾸어야 한다. 그 선두에 바로 한국 기업이 있어야 할 것이다. 셋째, 탈식민지 시대를 만들어 나가야 한다. 조선총독부 건물을 부수고 없앴다고 해서 식민지 근성까지 모두 사라진 것은 아니다. 곳곳에 아직 남아 있는 식민지 근성을 버리고 우리 민족의 원형을 법고창신(法古創新)해야 한다. 수기치인 팔덕목과 수령칠사로 문정위민의 전통과 민본주의의 이념을 기업에도 뿌리내려야 한다. 그리고 개성상인의 선비정신으로 한국적 신인본주의 기업문화를 재창조해야 한다.

경찰 간부의 직업의식과 선비정신

경찰의 새 덕목, 부드러움과 맵시

오늘 아침 집을 나서 고속도로를 힘있게 달리니 가을 하늘도 유독 맑고 높게 느껴졌다. 저 멀리 주마등같이 펼쳐지는 우리 조국의 산하도 이제는 나에게서 늦가을 만추(晩秋)의 시정(詩情)을 불러일으켜 주었다.

> 가을날 비오롱(violon)의 긴 흐느낌 소리는
> 단조로운 고달픔에 내 마음 괴로워
> 종소리 울릴 때 가슴은 질리고 창백한 낯빛
> 지나간 날 추억 새로워 나는 우노라
> 그래서 나도 이리저리 날아다니는 낙엽처럼
> 사나운 바람에 실려 가노라!

이 시는 세계적으로 유명한 프랑스의 서정시인 폴 베를렌(Paul Verlaine)의 〈가을의 노래(Chanson d' Automne)〉이다. 이 시는 아름다운 음률과 허무한 인생을 노래한 멋있는 시로 세계적으로 낭송되고 있다. 그런데 이 시를 일본 사람이 굉장히 멋들어지게 번역을 하였다. 일본의 작가 우에다 빈(上田敏)이 번역해 낸 것은 베를렌의 원시보다도 더 멋있다는 평을 듣는다고도 한다.

내가 이렇게 외국어 시를 소개하는 이유는 우리 경찰도 이제는 세계화의 감각을 가지고 국제적인 유대를 가질 때가 왔기 때문이다. 그리고 또 하나의 이유가 있다. 왜 하필 오늘 가냘픈 서정시인 〈가을의 노래〉인가? 거기에는 시 속에 깊은 뜻이 서려 있기 때문이다. 베를렌의 〈가을의 노래〉는 우리나라의 유명한 서정시인 김소월 시인의 〈진달래꽃〉과 비슷한 위상을 가지고 있는데, 제2차 세계대전에서 결정적인 승리를 거두는 데에 이 시가 중요한 역할을 했기 때문이다.

옛날에 〈지상 최대의 작전(The longest day)〉이라는 유명한 영화가 있었다. 영화의 제목이 지칭하는 것은 바로 '노르망디 상륙 작전'으로, 1944년 6월 어느 날 제2차 세계대전의 전세를 뒤집은 바로 그날을 다루는 내용이다. 그 때 미국의 아이젠하워 장군이 백만의 대군을 이끌고 노르망디를 침공했다. 이날 나치 독일을 상대로 연합군이 전투를 벌인 이날, 바로 이 가냘픈 서정시 〈가을의 노래〉가 동원되었던 것이다.

연합군은 프랑스 영토 내에서 활약하던 프랑스 유격대원과 저항시민 레지스탕스에게 라디오를 통해 전달하고자 하는 내용을 암호화하여 극비리로 전파하였다. 그러던 어느 날 노르망디에서 포성이 들렸다. 연합국은 이 시를 방송하여 유격대원과 레지스탕스에게 연합군의 상륙 작전이 개시되었다는 사실을 알렸다. 그렇게 유명한 성우의 목소리로 흘러나오는 이 시를 산속에 숨어 있던 유격대원이나 비밀리에 활동하던 프랑스 시민이 듣게 되었고 자연스럽게 프랑스 청년들의 원시 감정을 자극하여 자연스럽게 애국심을 고취한 것이다. 전쟁을 알리는 방송이 낯익은 〈가을의 노래〉로 전해지니, 산속에서 도시에서 투쟁해 왔던 유격대들은 더욱 흥분하여 주변의 독일 점령군을 강타하였다고 한다. 그렇게 연합군의 상륙 작전이 성공하게 되었다. 따라서 이 〈가을의 노래〉는 전쟁에 당당히 참전하여 프랑스 국토에서 독일군을 쫓아내고 제2차 세계대전을 승리로 이끈 주역이 되는 것이다.

우리 경찰도 군대만큼이나 이 사회의 강한 조직이다. 범죄를 소탕하고 치안을 확보해야 하는 이 사회 속의 치안군이기도 하다. 그렇다고 우리 경찰이 항상 강철같이 강하고 무뚝뚝하고 무디다면 멋이 없어 우리 국민이 따르지 않을 것이다. 그렇기 때문에 우리 경찰 간부들은 새로운 노력을 기울여서 경찰 제복 안의 '부드러움과 맵시'를 세련되게 함양해야 한다.

세계적으로도 그 권위가 무서운 미국 CIA의 일화가 있다. 한 수사요원이 무시무시한 범죄인을 잡기 위해 그 집에 들어가 보니 마침 범죄조직의 두목이 심포니 음악을 듣고 있더란다. 그때 요원이 무작정 총을 들이대고 검문을 했다면 비극이 일어났을 것이다. 그러나 그 순간 수사요원은 두목에게 "참 저 음악이 좋군요" 하고 말을 걸었다. "저 곡이 차이콥스키 교향곡 몇 번 곡의 몇 악장, 무슨 주제곡이지요? 참으로 선생님 대단하십니다." 그렇게 두 사람은 온종일 음악 이야기만 토론하였다. 그랬더니 마침내 그 조직의 두목이 그 요원에게 먼저 스스로 손을 내밀면서 "나를 좋게 잡아가세요! 참으로 교양 있는 수사관이시군요"라고 했다는 것이다. 그렇게 큰 충돌을 감수할 필요 없이 부드럽게 거물급의 범인을 체포했다고 한다. 물론 꿈같은 이야기지만 잘 새겨들어야 할 교훈이 있다. 딱딱한 법조문도 좋지만, 경찰도 이제는 여러 방면으로 부드러운 교양과 어학 실력을 갖추고 운치 나는 멋도 쌓아야 한다.

그리하여 앞으로 세계적으로 훌륭한 경찰관이 되고 더 나아가 이 나라의 국가지도자가 되는 것이다. 그러기 위해서 이 나라 선비답게 문사철(文史哲)의 교양과 시서화(詩書畵)의 멋을 갖추고 외국어에도 능통한 실력 있는 '신지식인'의 경찰 간부가 되어야 한다.

국민의 두 가지 요청

오늘날 경찰은 두 가지 '국민의 요청'에 고민하고 있다. 첫째로 경찰에 대한 사회적인 요청(Social Imperative)이다. 민주국가에서 '민중의 지팡이 역할'을 해달라는 준엄한 요청이다. 일본

강점기 식민지 경찰의 인상을 씻고 그 후에 이어진 권위주의적인 경찰문화에서 벗어나야 한다는 요청이다. 국민의 재산과 인권을 보호한다는 민주 경찰이 어떻게 비민주적인 조직으로 남아 있을 수가 있느냐? 좀 더 인권 존중의 민본주의적인 경찰이 되어 달라는 요청인 것이다.

그런데 두 번째 요청은 이와는 조금 다르다. 그것은 경찰의 기능적 요청(Functional Imperative)으로, 대통령, 내무장관 등을 통해서 내려오는 '강한 경찰력'에 대한 요청이다. 치안이 문란해지고, 범죄자를 잡지 못하는 무능한 경찰은 아무리 민주적인 경찰이라 하더라도 존재가치가 없는 것이다. 보다 더 센 규율과 훈련을 적용하여 어떠한 범죄자라도 당장에 체포해 내는 '기능적인 경찰'이 요구되고 있다.

이 두 가지 요청은 서로 상충되는 듯하다. '사회적 요청'을 따르자니 '기능적 요청'이 울고, '기능적 요청'을 따르자니 '사회적 요청'이 운다. 마치 유행가의 가사 같은 내용이지만 사실 여러 경찰들은 이 두 가지 요청 사이에서 고민하고 있는 것이다. 그러나 이 두 가지 요청은 모두 다 대한민국 민주 경찰이라면 갖춰야 하는 중요한 가치이다. 이 요청들을 실무에서 어떻게 조화시켜 나가느냐가 관건인 것이다.

이 두 가지 요청을 어느 선에서 어떻게 조화시키느냐는 바로 오늘날의 '경찰문화'가 되는 것이다. 경찰 구성원 모두가 각자 실무에서 부하를 다루면서 국민의 사랑을 받을 수 있는 경찰의 존재 양식을 창조해야 한다. 이것은 경찰마다의 직무와 시대의 변화에 따라서 달라질 수 있다. 그러나 민주적이면서도 기능적인 경찰이 되는 것은 우리 21세기의 큰 과제이다.

유석 조병옥의 국가관과 경찰의 전통

우리의 민주 경찰은 조국이 해방되던 바로 그날부터 국가와 운명을 같이 하면서 오늘에 이르렀다. 그동안 해방정국에서는 치안을 지켜왔으며 공산당 프락치들과도 싸웠다. 그리고 6.25 전쟁 때는 반공의 전투부대로서 최일선에서 최강의 전투력을 과시하면서 대한민국을 지켜왔다. 경찰은 그렇게 오늘의 민주주의와 자유 자본주의 체제를 유지해온 전통 있는 집단이다.

혹시 1950년 5월 30일이 무슨 날인지 아는가? 아마도 모르는 사람이 많을 것이고 사실 모르는 것이 당연하다. 그러나 우리 경찰과는 역사적으로 관계가 깊은 날이라고 생각한다. 그날은 우리나라의 제2대 국회의원 선거가 열리는 날이었다. 소위 '5.30선거'의 날이다. 이 선거에서 이 나라 경찰의 아버지라 불리는 초대 경무부장이었던 조병옥 박사가 서울의 성북구에서 낙선하였다.

원래 1948년 5월 10일 제헌국회 선거에서 이승만 박사가 성북구에서 당선되어 대통령으로 선출되었다. 그리고 1948년 8월 15일에 대한민국이 수립됐다. 그때 미군 군정청의 경무부장으로 조병옥 박사가 치안을 담당했다. 그런데 2년 후인 1950년 제2차 선거에서 조병옥 박사가 성북구에 공천을 받은 것이다. 그런데 그 선거구에는 조소앙 선생이 입후보하여 조병옥 박사와 경쟁을 하게 되었다.

조소앙 선생은 지난 5.10선거를 반대하고 남북협상을 하러 평양에 갔다 온 김구 선생의 오른팔이었다. 그러니까 제2대 국회의원 선거는 이승만 대통령과 김구 선생의 대리 대결이 된 셈이나 마찬가지였다. 이때 조병옥 박사는 여당 후보로, 대한민국 건국의 치안을 담당한 공로자로서 선거연설을 하면서 조소앙 후보를 몰아세웠다. "…우리가 UN의 감시 아래 가능한 지역에서 자유민주 선거를 했을 때 조소앙 후보는 그것을 결사반대하고 북조선의 김일성을 찾아가서 그들과 키스하고 춤추고 왔는데 어찌하여 대한민국이 성립됩니까? 뻔뻔하게 그렇게 결사 반대하던 조소앙 후보가 이번 선거에 나올 수가 있는 것입니까…?" 하면서 호통을 쳤다.

그러자 상하이임시정부에서 활동하였던 조소앙 선생이 흰 두루마기를 입고 나와서 말했다. "여러분! 우리가 밥상을 받았을 때 어찌 한가지 반찬만을 먹을 수가 있겠습니까? 김치도 먹고, 깍두기도 먹어야죠. 그리고 내가 평양에 갔다 왔다고 하는데 그때 남한의 경무부장인 유석 조병옥 박사의 도장이 찍힌 통행증으로 개성을 거쳐서 평양으로 갔지 않았습니까? 여러분!" 이 말에 조소앙 선생을 지지하는 박수와 함성이 압도적이었다. 그리고 선생은 다시 웃으시면서 큰 소리로 "여러분! 나는 유석 조병옥 박사를 개인적으로 존경하고 사랑하고 있습니다. 그러니 저기 저 하늘에 북두칠성이 삼(三) 그리고 사(四) 점으로 되어 있으니… 그저 투표결과가 석 점, 넉 점으로 조병옥 박사보다 많이 나오게만 해 주십시오." 대단한 시적인 선거연설이었다.

이렇게 조소앙 선생은 압도적인 대중의 지지를 확보했다. 요즘의 선거에서는 찾아볼 수 없는 멋이 그때에는 있었다. 오늘날 선거는 지저분하고 멋도 없지 않은가? 한편 선거에 패배할 것을 예감한 조병옥 박사는 무서운 호랑이 인상을 하면서 다시 일어나 마이크를 잡았다. 원칙적으로는 안 되는 일이었으나 그런데 그 위세를 막을 수는 없었다.

"여러 시민 여러분! 우리는 오늘날 '민족적 비애'와 '민족적 고통'을 받고 있습니다. 민족적 비애란 우리가 해방은 됐지만 우리의 능력이 없으니 우리 민족은 강대국에 의해서 슬프게도 남과 북으로 분단된 것입니다. 이것이 비애입니다. 그리고 민족적 고통이란 우리는 5천 년 동안 한 번도 잘살아 본 적이 없는 민족이라는 것입니다. 그래서 우리는 우리 민족의 지도자인 이승만 박사를 모시고 싸우면서 대한민국을 세운 것입니다." 이러한 조병옥 박사의 마지막 연설은 크게 반응은 없었다. 다만 그곳에 있었던 나는 그분의 연설을 귀담아듣고 감명을 받아 가슴속에 깊이 간직하고 있었다. 참으로 훌륭하고 감동적인 경세가(輕世家)의 연설이었다. 그리고 오늘날 우리 경찰의 존재 양식을 천명한 전통이 서린 선언이었다.

그러나 아무튼 그 5.30선거에서 조병옥 박사는 무참하게 패배하였고 조소앙 선생이 최다 득표로 당선이 되었다. 그때 선거에서 210명 국회의원 가운데 120명이 무소속이나 남북협상파로 당선되었다. 그러나 바로 그 후 25일 만에 6.25동란이 일어났던 것이다. 6월 28일, 중앙청 앞에 인민군 탱크 3대가 들어서니 서울은 삽시간에 인민공화국의 세계가 되었다. 그때 나는 인민군 소위가 국군 포로를 잡아서 지금의 경복궁 돌담에 세워 놓고 총살하는 것을 보았다. 참으로 작고 어린 동생이 나이 많은 형님 같은 국군의 상사를 쏘아 죽이는 것도 보았다. 그리고 그들은 소위 '모셔가기 작전'으로 돈암동의 조소앙 선생을 이북으로 끌고 납치해 갔습니다. 참으로 한심스러운 일이 아닐 수 없다.

한 달 후면 이렇게 엄청난 동족상잔의 난리가 일어날 것도 모르고 5.30선거를 치뤘으니 얼마나 우리 정부의 군대의 정보가 어두웠던 것인가? 북조선의 선전과 선동에 완전히 속았던 것이다. 아무튼 선거에서 승리했던 조소앙 선생은 이북으로 끌려갔고 선거에서 패배했던 조병옥 박사는 한강을 건너서 대구로 내려갔다.

그해 8월 15일에는 부산을 점령하고 소위 김일성의 민족해방 독립행사를 거행하기로 되어 있었다. 이미 대한민국 정부는 부산으로 후퇴하고 미군은 이승만 대통령에게 제주도로 피신할 것을 권고하고 있었다. 그때 인민군은 대구를 향해 전진하고 있었다. 당시 조병옥 박사는 경찰 병력과 함께 대구에 있으면서 대구를 사수하기를 결심했다. 그러나 이미 미국 군대는 대구에서의 철수를 결정하고 이를 강요하고 있었다. 조병옥 박사는 철수를 끝끝내 반대했으며 그분의 독특한 개성과 철학으로 대구를 사수할 것을 감행하였다. 조병옥 박사의 굳은 결의와 그와 함께하는 경찰군은 감동을 주었고 결국은 군대가 합세하여 대구가 끝내 함락되지 않은 것이다. 오히려 대구 영천에서의 전투에서부터 6.25전쟁의 반격이 개시되었던 것이다.

그렇게 우리 경찰의 선구자이고 민주 반공정신이 투철한 조병옥 박사가 이 땅에서 민주 대한민국을 지켜온 것이다. 이 역사를 적어도 경찰이라면 잊어서는 안 될 것이다. 조병옥 박사가 걸었던 길은 바로 우리 경찰의 전통으로 기억되어야 한다. 그리고 우리 경찰의 자부심을 이러한 역사 속에서 다시 찾아서 후배 경찰에게까지 널리 전수해야 할 것이다.

우리는 아직도 민족의 비애인 분단이 해결되지 않고 있다. 오히려 혼란했던 그때와 똑같은 상황이 전개되고 있다. 물론 6.25 때와는 상황이 똑같지는 않다. 그러나 우리의 주권을 수호하기 위해서는 계속 관찰을 해야 한다. 옛날에 오나라 장수인 육손이 촉나라 제갈공명의 군대와 싸울 때 "광시방략, 이관기변 (廣施方略, 以觀其變)"하라는 작전명령을 하달하였다. 즉 후퇴하면서도 "여러 방책을 널리 써 보면서 적의 동향이 어떻게 변하고 있는가를 잘 관찰하라"는 것이다.

이를 오늘날에 적용하면 다양한 대북정책을 대담하게 써 보면서 북조선의 변화를 응시해야 한다는 말이 된다. 왜냐하면 그들의 적화통일 목표는 한치도 변하지 않고 있기 때문이다. "오직 무력만이 공산주의자들이 이해할 수 있는 유일한 언어이지 말로써는 안 된다"라는 원칙은 변하지 않고 있다.

그래서 우리는 다양한 정책을 적용하면서도 우리 경찰력과 국방력을 더욱 강화하면서 북조선의 변화를 살펴봐야 한다. 그리고 우리의 경찰력이 전 국민의 신뢰를 받고 기능적으로 강해질 때 비로소 그들의 남한 침략의 야욕을 억제할 수 있을 것이다.

제도적 집단으로서 경찰의 공헌

돌이켜 생각해 보면 지난 시간 동안 면면히 이어 온 우리 경찰의 역할은 참으로 대단했다. 후진 사회를 선진화하기 위해서는 나라의 '제도적인 집단'의 공로가 필수적이다. 해방 후 우리나라에서는 국가를 정비하고 공산 침략을 물리치고 국내 치안을 확보하는 데에 경찰의 공로가 절대적이었다. 일찍이 정치학자인 아몬드와 콜먼(Gabriel A. Almond & James S. Coleman)의 책 『개발도상국의 정치(The Politics of the Developing Areas)』에는 후진 사회에 네 가지 집단이 있다고 한다.

그 첫째가 '종족 이익의 집단(Ethnic Interest Group)'이다. 씨족 집단이나 종친회 등 날 때부터 운명적으로 소속이 되어 있는 일종의 귀속적인 공동사회 조직이다. 이 집단은 개인의 이익은 생각지 않고 자기가 귀속되고 있는 공동체를 위해서는 모든 것을 희생하면서 그들의 일에 참여하고 집단의 목적을 달성하려고 하는 공동체 조직을 말한다.

그리고 두 번째로 '조합 이익의 집단(Associate Interest Group)'이다. 이익을 추구하는 기업집단, 또는 노동조합 등의 모든 사회의 조직 집단을 가리키며 각자의 이익을 추구하기 위해 조직되어 있는 집단이다. 따라서 자신이 속한 조직의 이익이 아니라면 움직이지 않는 자들이 속해 있다. 철저한 이익사회 조직으로서 이합집산하는 집단을 말한다. 민주사회의 동태적인 발전은 특히 이러한 이익집단의 보장에 있다.

그리고 세 번째가 '제도적 집단(Institutional Interest Group)'인데 그 역할이 가장 강력하다고 한다. 이는 즉 경찰, 공무원, 그리고 군대 등의 조직을 말하며 어떤 국가의 기본 골격을 구성하고 있어 그 공동체와 운명을 같이하는 체제유지적인 조직체라고 할 수 있다.

그리고 마지막으로 '부적응의 집단(Anomic Interest Group)'이 있다. 후진 사회의 제도나 관습 그리고 인습적인 법령에 적응치 못하고 방황하는 집단이다. 즉 데모군중, 정치적 반항투쟁집단 등을 거론할 수가 있을 것이다. 따라서 50년 전 우리나라 건국 초기의 모든 사회집단이 서로의 주장을 하면서 얼마나 혼돈이 심했을까. 그때가 바로 후진 사회요, 신생국가의 건국시대였다.

그 후 오늘날까지 우리는 눈부신 경제발전으로 세계가 부러워하는 경제대국이 되었다. 두말할 것도 없이 오늘날까지 우리의 '제도적 집단'이 앞장서서 이 나라를 일으켰다. 특히 정부와 국민을 연결해 가면서 이 사회를 이끌어 나간 경찰의 힘이 있었기 때문에 오늘이 가능했다.

국가 발전과 제도적 집단의 5대 역할

해방 후 대한민국 정부가 수립되고 오늘날까지 특별히 이 나라의 제도적 집단으로서 국가공무원, 경찰, 그리고 군대가 이룩해 낸 국가건설의 역할은 세계적이었으나 시련 또한 대단했다. 신세대는 오늘날 자유민주의 자본주의적 발전을 지극히 당연한 결과로 생각하기가 쉽다. 그러나 우리는 다섯 가지 도전과 극복의 능력을 발휘하여 오늘을 이룩했다.

첫째로 우리나라가 국가건설에서 가장 먼저 시작한 것은 '의무교육'이었다. 즉 '선교육 후개발'의 이념적인 합의가 대단했다. 그 당시 국민소득은 몇 십 불에 불과했으나 전 국민의 의무교육을 실시했다. 그동안 근대화 과정에서 도시화 현상이 일어나니 지방 산속의 학교는 폐쇄될 수밖에 없지만 그래도 그 당시의 '선교육 후개발'을 결행했던 이념의 푯대 끝에 휘날리는 태극기는 오늘날에도 우리 가슴속에 노스탤지어로 남아 있다. 그 당시 문맹률은 심각했다. 1956년에 본인이 육군소위로 강원도

214

양구의 백석산에 올라가니 증강된 소대원 50명 중에 한글 아는 사람은 나와 서무계뿐이었고 시계 찬 사람은 나뿐이었다. 경찰도 마찬가지였다. 그래서 우리는 우선 한글교육부터 시작했다.

그러나 우리나라는 교육의 전통이 남아 있어서 한편으로는 대학교육이 눈부시게 확장하여 세계로 진출할 인재를 양성해 냈다. 아직도 의무교육을 시행하지 못하고 있는 신생국가가 많다. 그리하여 사회 평등을 이룩하고 인재를 양성하고 그 인적 자원으로 자유 자본주의 경제를 견지하여 오늘에 이르는 것이다. 이러한 정책의 집행에서 우리 경찰의 역할이 얼마나 컸던가?

두 번째로 지난 시간 동안 우리 경찰만큼 시련을 많이 겪은 집단도 없을 것이다. 해방과 더불어 국내의 '치안 유지'를 위하여 앞장섰다. 국내 공산당과의 수없는 투쟁, 그리고 6.25, 4.19, 5.16, 5.17, 5.18, 10.26, 12.12. 등등 그 복잡한 날짜의 숫자를 외우기도 힘들 만큼 무수히 많은 정변과 전쟁을 겪어 왔던 것이다. 그러나 모질게도 우리 경찰은 오늘날까지 건재하다.

지금의 경찰은 그 모진 생존자의 자손임을 자랑해야 한다. 무려 천만 명이 손실된 그 혼돈 속에서도 우리 경찰은 '시련 극복의 능력'을 타고난 강인한 제도적인 집단이었다. 한 가지 옛날의 예를 들어서 그 당시 절박했던 역사 이야기를 하겠다.

1953년 1월 『타임』지는 신년호에 "Man of the Year", 그러니까 세계적으로 이름난 올해의 인물을 선정하여 그 잡지의 표지에 내놓았다. 그 인물이 바로 대한민국 초대 대통령인 이승만 박사였다. 이승만 대통령이 군대 파카(오버코트)를 입고 흰 머리카락이 삭풍에 휘날리는 모습이 표지에 나왔다. 그리고 그 밑에는 다음과 같은 설명이 적혀있었다. "a little, fierce, patriotic and stuburn… Syngman Rhee" 즉 작고, 강렬하고, 애국적이고, 그러나 고집불통의 완고한 이승만 대통령이라는 뜻이었다. 그리고 잡지에는 『타임』지 편집장과 이승만 대통령이 마주 앉아서 인터뷰를 하는 내용이 실렸다.

편집장은 물었다. "대통령 각하! 오늘날 세계가 한국전쟁에서 휴전을 바라고 있는데 어쩌자고 당신 혼자서 반대를 합니까? 이러다간 제3차 세계대전이 일어날지 모른다. 그 전쟁이 일어나면 당신이 책임지겠습니까?"그러자 이 대통령은 안면에 경련을 일으키면서 조용히, 그리고 단호하게 다음과 같이 대답하였다.

Look at my country! Look how my country has been devastated! Count the millions of graves! What we have to shrink from World War III.

봐라, 나의 조국을! 얼마나 우리나라가 황폐되었는가? 세어보라! 수백만의 무덤을! 내가 무엇이 무서워서 3차 세계대전에서 꽁무니를 뺄 것인가?

If I have to stand alone, all right! I"ll fight alone! I'll die or unite Korea.

216

내가 만일 고립되어도 좋다! 나는 홀로 싸우겠다. 그리고 내가 죽든가 아니면 통일하든가 결판을 내리겠다!

우리 민족의 장래를 위하여 결연하게 대담한 것이다. 그리고 휘하의 젊은 장군들에게 통수권자로서 단독 북진의 결의를 다짐해 두었다. 그래도 역시 약소국의 대통령이 아니었던가? 그에게 무슨 힘이 있었는가?

그러나 그의 고집은 우리의 주권이었다. 그럼에도 불구하고 한편으로는 한국전쟁의 휴전협상이 줄기차게 진행되었다. 이 대통령은 "만일 휴전이 성립되어도 압록강 이남에 중공군이 한 명이라도 있으면 나는 당장 UN군에서 탈퇴하여 단독 북진하겠다"라고 하였으나 역시 약소국가의 대통령이라 한계가 있었다.

그러니까 이 대통령은 원용덕 헌병사령관을 불러서 경찰의 협조하에 반공포로 3만여 명을 석방해 버렸다. 경찰은 그들의 안식처를 제공해 주었다. 법적으로 UN군이 잡아 온 포로를 한국의 대통령이 마음대로 석방해 버렸으니 면도하면서 그 소식을 들은 영국의 수상 처칠은 하도 놀라 면도칼로 얼굴을 다쳤다고 한다.

그래서 새로 미국의 대통령이 된 아이젠하워 장군은 덜레스 국무장관을 보내어 이승만 박사와 담판을 지게 했다. 그 회담의 결과로서 오늘날의 한미방위조약을 체결하게 된 셈이다. 그 조약이 바로 오늘날의 우리의 안보를 보장하고 강화하고 있지 않은가? 그리하여 1953년 7월에 우리 대표가 없는 그 자리 판문점에서 대낮의 꿈과도 같이 11분 만에 휴전협정이 이루어져 오늘에 이른 것이다.

이러한 극한 상황에서 이승만 대통령은 우리의 제도적인 집단의 단결된 힘으로 외교에 성공한 것이다. 그리고 그 당시 아무것도 없었던 서울의 황무지에서 30년 만에 세계적인 88 올림픽을 개최했으니 그 공로는 누구의 것인가? 그것은 우리나라 발전도상의 국가공무원과 경찰 그리고 군대, 즉 우리나라 제도적인 집단의 공로라고 할 수 있을 것이다. 여기에서 우리 경찰의 자부심이 솟아나야 할 것이다.

셋째로 우리 제도적 집단은 '시간을 관리하는 능력'을 가지고 있었다. 1961년 5.16 이후에 경제계획 5개년 기획을 일곱 번 성공하여 35년 동안 계속적인 경제성장을 통해 '만 불 국민소득' 시대를 창조하려고까지 했다. 그야말로 우리의 우수한 제도적 집단인 공무원과 경찰 그리고 군대가 박정희 대통령의 새마을 정신과 그 비전 아래 똘똘 뭉쳐서 이룩해 낸 세계적인 성공 사례이다.

이와 같이 우리의 제도적인 집단은 어느 신생국보다도 시간을 계획적으로 관리하는 능력을 과시했다. 그래서 오늘날까지도 많은 신생국가의 공무원이 한국에 와서 우리의 경제계획과 새마을운동을 배워 가고 있지 않은가? 그 당시 경찰의 역할은 대단했다. 전국의 하루하루 발전하는 상황을 가장 정확하게 파악하고 있었던 경찰의 정보망과 각 지역 발전에 앞장서서 지도 자의 의지를 전달하고 이끌어 나간 모범적인 집단이 누구이겠는가? 우리 경찰의 사명감과 실천력 그리고 국가에 대한 선도적인 충성심은 대단했다.

넷째로 우리는 세계적으로 '공간을 관리하는 능력'을 가지고 있었다. 1963년에 나는 미국 하와이대학의 동서문화연구소(East-West Center)로 2년 동안 유학을 떠났다. 그때만 해도 해외로 간다는 것은 국비생 아니면 불가능했다. 그때 육군 소령 월급이 15불이었으니까 말이다. 김포공항에 버스 세 대가 와서 나를 환송하는데 그때 나는 "필승"이라고 쓴 태극기를 가슴에 매고 떠났다.

그런데 1965년에 귀국하고 보니 마침 맹호부대와 백마부대가 월남으로 떠났다. 그리고 그 뒤를 따라서 기업가, 기술자 노동자, 예술단… 줄줄이 해외로 나가기 시작했다. 그리하여 월남전이 끝난 이후에도 중동 석유 생산국 등으로 계속하여 진출하였다. 그렇게 오늘날에는 세계 어디를 가나 한국 사람은 해외에서 자리를 잡고 있다. 아프리카의 킬리만자로산 밑에서도 공중전화번호부를 들추면 반드시 이 씨 아니면 김 씨가 있을 정도라고 한다. 빅토리아 여왕 시대에는 세계 어느 곳이건 영국 사람과 쥐가 있다는 말로 영국의 전성시대를 비유하였는데, 마치 그와 같은 정도로 우리 한국 사람들이 세계에 많이 진출하여 생산성 있는 사업에 종사하고 있다.

나는 지난 여름 동아건설회사의 초청으로 리비아 사막의 수로 공사장에 초대되어 갔다. 대단한 공사였다. 사막에 7미터 깊이의 땅을 파고 4미터 직경의 수로관을 묻는 작업인데, 그 최일선 현장에는 한국 청년 네 명이 있었다. 한 사람은 250톤짜리 초대형 크레인 기술자로서 2층짜리 집 만한 크기의 노관을 땅밑으로 내려주고 있었고 3명은 땅밑에서 무전으로 노관을 정착시키더니 갑자기 "밀어라!" 하는 구령을 내린다. 그 구령 소리에 17개국에서 온 노동자들이 합심해서 마무리를 지었다. 방글라데시, 인도, 파키스탄… 등등 노동자들이 한국말 구령에 맞춰 작업을 하고 있었다. 그때가 섭씨 52도였다. 이렇게 해외에서 우리 한국군의 공병 병사 출신들이 외국인들에게 한국말로 어른 노릇을 하면서 노관을 묻은 거리가 무려 4,200km라니 이것은 중국의 만리장성의 토목 공사보다도 더 큰 인류 사업을 지구촌에 남기는 것이다. 이와 같이 우리 한국은 세계적인 공간을 관리하고 모범을 보이는 민족이 됐다. 이것도 모두 우리의 제도적인 집단인 공무원과 경찰 그리고 군인들의 힘이 아니겠는가?

　다섯째로 우리 제도적 집단들은 우리 국가의 '통합적인 능력'을 이룩했다. 이와 같이 우리나라 초기 50년 동안 제도적 집단의 역할은 세계적이었다고 생각한다. 무엇보다도 우리의 군대 조직은 155마일 휴전선을 물 샐틈 없이 막으면서 북한에 대해 힘으로 평화를 강요해 왔다. 그리고 중앙청에 속해 있는 국가공무원은 지난 수십년 동안 10%의 경제성장을 하여 일제 기간의 낙후된 식민지 손해를 회복하였다.

그리고 경찰은 전국적으로 강력한 치안 조직으로 우리 사회를 하나의 효율적인 국가통합 체제로 유지해 나가는데 지대한 공로가 있었다. 오늘날 지역갈등이 있다고 하지만 그래도 우리 경찰이 지역의 이익을 초월하여 전국적인 통합 조직을 가지고 치안을 유지하면서 국가의 안전과 발전의 기반을 만들어 놓았다.

경찰 리더십과 국가 부흥

우리의 시민사회 속에서 당당하게 청색의 제복을 입고 다니는 경찰관은 그만큼 가려 뽑힌 사람이고 시민과 부하를 인도해야 하는 지도자이다. 생각해 보면 고향에 신화를 남기고 국가시험에 등용되어 전국적인 경찰에 입문하여 오늘날 빛나는 계급장을 달고 일하고 있는 것이다.

얼마나 긴긴 이념의 행로인가? 시련과 절망도 극복하였다. 그리하여 오늘날에는 더욱더 국민의 신뢰를 받을 수 있는 공인이 되기 위한 재충전이 필요하다. 앞에서도 말했듯이 경찰은 이 나라를 이끌어온 '제도적 집단'의 영웅이다. 옛말에 "초지정수자(草之精秀者)는 위지영(謂之英)"이며 "수지장군자(獸之將群者)는 위지웅(謂之雄)"이라고 하였다. 이 말 중에 "풀 중에 가려 뽑힌 '꽃(英)'"과 "동물의 무리를 앞에서 끌고 나가는 '수컷(雄)'"의 두 자를 합치면 '영웅(英雄)'이 된다. 따라서 경찰 여러분은 곧 여러 사람 중에서도 가려 뽑힌 엘리트 중의 엘리트, 정수(精秀)이며 지도자나 리더의 역할을 한다는 것이다. 마치 난초같이⋯. 문득 가람 이병기 시인의 〈난초〉가 생각난다.

빼어난 가는 잎새, 곧은 듯 보드랍고,
자줏빛 굵은 대공, 하얀 꽃이 벌고,
이슬이 구슬되어 마디마디 달렸다.
본디 그 마음은 깨끗함을 즐겨하여,
정한 모래틈에 뿌리를 서려두고
미진도 가까이 않고
우로 받아 사느니라.

경찰은 국민 중에서 난초같이 뽑힌 엘리트이며 입고 있는 그 제복은 국민의 모범이고 무한한 신뢰를 불러일으키는 상징이다. 영국의 경찰은 "Peeler"라고도 부른다. 19세기에 유명한 내무장관인 로버트 필(Robert Peel)에서 유래되었다. 그는 영국에 처음으로 공식적인 경찰제도를 창설하고 경찰관을 뽑았기 때문에 그 경찰들을 곧 '필 경의 사람들'이라고 지칭하여 "Peeler"라고 부르기 시작했던 것이다.

영국에서 거리를 순찰하는 경찰은 남녀를 불문하고 인물이 단정하고 수려해야 한다. 왜냐하면, 오늘날의 국왕을 대신하면서 국민을 친절하게 이끌어 나가야 하기 때문이다. 이들은 경찰

봉을 들고서 시민을 보호하고 리드하고 외국인들에겐 더욱 친절하다. 다만 험악한 범인을 수사하고 체포하는 경찰은 따로 분리하여, 예를 들어서 범죄수사대 같은 조직에서 그 임무를 수행한다고 한다.

지금의 경찰은 모두 '미드엘리트(Mid-Elite)'이다. 존경의 가치(Deference Value)는 있지만 완전한 복지가치(Welfare Value)는 아직은 약하다. 이 중견의 중간지도자로서 앞으로는 21세기에 당당한 경찰의 지도자가 될 것이다.

우리 민족은 300년마다 민족문화가 융성하고 국운이 트인다는 '민족문화 부흥 300년 주기설'이 있다고 한다. 우선 15세기엔 세종대왕 시대의 문화 부흥이 찬란했다. 그리고 18세기 영조와 정조 시대에는 기록문화가 대단했다. 특히 그때 만든 수원의 화성은 유네스코의 세계유산으로 지정되었다. 그러나 그 후 19세기엔 서구 문명이 동진하여 동양이 시련을 겪었고, 20세기엔 드디어 서구화된 일본의 침략으로 식민지가 되었고, 1945년에 해방은 되었으나 6.25의 참극을 겪고 나서 경제부흥을 하는가 했더니 또다시 IMF 통치시대를 맞게 되었던 것이다.

그러나 이제 다시 21세기가 닥쳐왔다. 바로 우리의 300년 문화 부흥의 새 시대를 맞게 된 것이다. 비록 경제에 크나큰 타격은 받고 있으나 그동안의 교육, 산업의 노하우를 통해 이를 극복하고, 약속대로 또다시 민족문화 부흥의 새 시대가 열리고 있다. 지금의 경찰 엘리트들은 바로 이러한 의미 있는 시대의 경찰인 것이다.

희망과 꿈과 비전 그리고 용기를 내야 한다. 생각건대, 1949
년은 미국의 전성기였다. 그때 유명한 미국의 UN 대사였던 세
이어(세이어(Francis B. Sayre) 하버드대학 교수가 그 당시 전 국
민에게 연설하면서 마지막 결론으로 다음과 같이 언급한 것이
생각난다. "The time is big with opportunity. Destiny is in
the making. The issues call for man of vision and man of
courage!" 즉, " 우리는 기회로 가득 찬 시대에 살고 있습니다.
그리고 우리의 운명은 오늘날 만들어지고 있습니다. 문제는 비
전 있는 사람과 용기 있는 인재를 바라고 있습니다!"라는 호소
였다. 이러한 인재의 부름에 화답한 결과로 그들은 오늘날의
"팍스아메리카나(Pax Americana)" 시대를 창조해 냈던 것이다.

우리도 비전과 용기를 가지고 21세기를 맞이해야 한다. 비전
은 높고, 넓고 길게 봐야 한다. 세상은 변해도 한번 세운 비전은
흔들리지 말아야 한다. 성서에도 '비전이 없으면 망한다'고 하
면서 "당신의 비전을 당장에 책상 위에 써 두어라(Write down
your vision and inscribe it on the table)"라고 되어 있다. 이 글을
읽는 여러분도 오늘 밤에 책상 앞에 조용히 앉아서 당신의 비전
을 쓰고 보관해 보라. 그러면 먼 훗날 반드시 그렇게 된다고
한다. 하지만 보통 이런 경우에는 100명 중에 3명(3%)이 실천한
다고 한다. 그들은 전부 출세하고 아무렇게나 살아온 27%는 사
회의 퇴물이 된다는 통계가 있다. 오늘 저녁에 진지하게 써보길

바란다.

찬란한 형조문화의 후예

우리의 경찰 기능은 대한민국의 건국 역사에서부터 내려온 것이 아니다. 5천 년 단군신화에서부터도 찾을 수 있고 구체적인 역사 기록 속에서는 당당히 조선조 왕조실록 속에서도 그 치안의 문화를 찾아낼 수 있는 것이다. 언제 한번은 한가로운 여유를 가지고 꼭 한번 부인과 같이 손잡고 서울의 창경궁 산책을 해 보시길 바란다. 여러분을 이만큼 출세시켜 준 "이념화된 부인"이 아닌가? 그 여사와 같이 미래의 비전도 말하면서 석양의 고궁 산책을 해 보아라. 그런 여유가 우리 경찰관에게도 있어야 한다.

창경궁 정문의 이름은 무엇인가? 홍화문(弘化門)이다. '널리 변하라'는 뜻이 아니라 홍익인간(弘益人間)의 단군이념이 서려 있는 이름이다. 기자조선의 식민지가 아니라 단군 건국 5천 년의 전통을 나타내고 있다. 그 문을 들어서면 명정문(明政門)이 나오고 문무백관이 정렬했던 큰 뜰 위에 명정전(明政殿)이 우뚝 서 있다. 이 명정전에는 정치는 공명정대하고 청렴결백하게 하라는 이념이 서려 있다.

그 뒤에는 숭문당(崇文堂)이 있는데 그 현판의 글씨는 영조대왕이 썼다고 한다. 영조대왕은 52년 재위 중 그곳에서 5,400회의 경연을 했다고 한다. 영조는 참으로 대단한 학자이기도 하다. 그리고 그 남쪽에는 문정전(文政殿)이 있다. 국왕을 모시고 국무회의를 하는 편전이다. 정치학자로 40년 동안 서구의 정치학만 공부했던 나는 그곳에 가서 깜짝 놀랐다.

여기에 바로 문정위민(文政爲民)의 이념이 서려 있었기 때문이다. 즉 서구 민주정치의 "to insure the government for the people"이라는 위민의 민본주의 정신이 그대로 반듯하게 연결되고 있었던 것이다. 홍화문-명정문-명정전-숭문당-문정전으로 연결된 조선조의 정치문화는 그야말로 참다운 문민정부였다. 김영삼 정부의 문민은 '반(反)군부'의 개념이 있었으나 세종조의 문민은 문정위민의 숭고한 전통을 나타내고 있었다.

그 문정전에는 언관과 사관들이 있었다. 사관의 기록을 통해 공명정대한 정치문화를 『조선왕조실록(朝鮮王朝實錄)』888권으로 간직하여 내려올 수 있었다. 그들은 권력의 '말'과 '태도'를 모두 입체적으로 기록하여 마치 오늘날의 비디오와 같이 만들었다. 그러한 기록정신에 의해서 15세기 세종조의 선비들에 의한 사대부의 법제사는 세계적이라고 공인되어 있다.

그리고 언관은 옥당의 선비로 대사헌 홍문관에서 파견된 선비 사대부로서 왕에 대한 직간을 임무로 하는 직책인데, 그들은 목숨을 걸고 국왕의 실책을 간하여 덕정을 베풀게 했다. 그들의 직간하는 태도를 보고 서거정(徐居正)은 "벼락이 떨어져도(抗雷霆) 도끼로 목을 쳐도(蹈斧鉞) 서슴지 않는다(而不辭)"고 묘사하였다.

이런 이념과 용기는 어디서 나오느냐? 그것은 맹자의 "민위귀(民爲貴), 사직차지(社稷次之), 군위경(君爲輕)"의 정치 철학에서 나왔다. 즉 "백성이 귀하다"는 민본주의를 신봉하면서 "정치권력은 그다음이고" 아무나 해도 좋으나, "국왕만큼은 먼지보다도 가볍다"는 것이다. 즉 국왕이 실덕을 하면 끌어내릴 수 있다는 폭군정벌론의 정치 철학이 서려 있었던 것이다.

그렇기 때문에 조선조가 예와 법도에 의해서 519년 27대를 유지할 수 있었던 것이다. 어떻게 총칼이나 경찰력으로만 정권을 유지할 수가 있었는가? 실로 육조(六曹)의 판서들이 선비정신을 가지고 민본주의의 정치이념을 실천하여 얻어진 업적이다. 이것이 오늘날 민주사회에서도 본받아야 할 공인의 전통이다.

그 선비 사대부들은 높은 벼슬에 있으면서도 오직 청백리로 녹선되기를 바라고 있었다. 그것이 후손에까지 길이 남을 가문의 영광이라고 생각했다. 그 녹선기준은 바로 수기치인 팔덕목이다. 국왕 앞에서 그 사대부의 평생의 업적과 행실을 고려하여 청백리로 녹선하는 것이다. 결론부터 말하자면 조선조 519년 동안 218명이 청백리로 녹선되었는데, 초기 200년 즉 임진왜란이 일어나기 전까지 162명이 녹선되었고 그 후 300년 동안에 56명이 선발되었다고 한다.

그런데 청백리로 녹선된 자들의 출신 부처를 보면 놀랍게도 첫째로 호조판서 출신이 가장 많았고, 두 번째로는 공조판서,

세 번째로 형조판서의 순서로 많았다고 한다. 그러니까 오늘날
로 치면 기획재정부, 국토교통부 그리고 법무부가 준엄하고 깨
끗했다는 것이다. 그렇다면 오늘날의 경찰문화도 그 깨끗했던
원천을 조선조 형조에서 찾아내야 할 것이다. 서슬이 시퍼런
정의의 경찰이 되어야 하겠다.

그러면 그 청백리의 녹선 기준인 수기치인 팔덕목은 무엇인
가? 우선 자기 자신을 선비답게 수양하는 데 다섯 가지 덕목이
있고 백성을 이끌어 나가는 데 세 가지 덕목이 있다. 그 가장
첫째 덕목이 청백이다. 선비들이 생각한 "세상에서 가장 큰 장
사는 무엇인가?" 그것은 "청렴결백하기를 크게 탐내는 것"이
었다. 선비들은 바로 이것을 후세까지 생각하는 길게 보는 "큰
장사"라고 믿고 살았다. 우리 경찰에게는 귀중한 교훈이다.

둘째 덕목은 근검이다. 부지런하고 검소해야 한다는 것이다.
경복궁의 정치 중심은 근정전(勤政殿)이었다. 정치란 '부지런하
고 검소하게 해야 한다'는 선대 왕들의 당부가 서려 있다. 무엇
이든지 교만하고 게으르고 사치스러우면 망한다고 하였다. IMF
사태를 맞게 되었던 원인도 정치가나 기업인들이 '비(非)선비
적'으로 분수없이, 건방지고, 빚진 죄인이 더 사치스러워 절도
도 없이 파렴치했기 때문이었다.

세 번째 덕목은 후덕이다. 현대적인 영어로 우리말의 후덕을
번역하기는 어렵다. 그러나 우리는 그 뜻을 잘 알고 있다. 지금
도 시골에 가면 상여가 나가는데 그때 요량재비가 부르는 노래

가 있다. "이제 가면 언제 오나…. 북망산에 갔다가…" 하면서 부르는 노래에 염라대왕의 세 가지 후덕에 관한 심판이 나온다. 첫째가 "배고픈 사람에게 밥을 주어 활인공덕을 하였느냐?" 둘째가 "헐벗은 이에게 옷을 주어 구난공덕을 하였는가?" 셋째로 "집 없는 이에게 잠잘 곳을 주어 행인공덕을 하였는가?"를 묻는 것이다. 그래서 예전부터 우리 어머니나 할머니는 밥을 지을 때 세 주발을 더 한다는 '석덤문화'가 있었다. 그래야 지나가는 땅꾼, 거지, 승려에게 거지 소반으로 시혜를 베풀 수 있다는 것이다. 그렇게 공덕을 베푸는 것으로써 자기 자식이 잘 될 것이라는 소박한 기복종교를 믿었다. 아마도 지금 우리들은 선대가 베푼 덕으로 오늘 이처럼 출세한 것이다. 그래서 지금 이 자리에 오게 된 것은 누구나 그 집의 누군가가 후덕하셔서 그렇게 된 것이다. 그러니 후퇴하면 안 된다.

그리고 네 번째가 경효이다. 그 집안에 가족제도가 훌륭한가? 상경하애하고 어른 노릇을 잘하고 있는가? 이러한 것들을 보는 것이다. 그리하여 집안에 대해서는 아무 걱정 없이 오직 국가에 대한 봉사에만 충실할 수 있는 분위기를 가지고 있는가를 심사하는 것이다. 가족의 전통, 화목, 그리고 충성이 바로 경효에서 나와야 한다는 것이다.

수기 오덕목의 마지막 덕목은 인의이다. 국가와 임무에 대하여 살신성인하고 견리사의하였던가? 마치 안중근 의사가 동양 평화와 조국을 위하여 몸 바쳐 거사했던 그런 정신이 있는가?

안중근 의사의 어머니인 조마리아 여사의 결연한 태도는 '그 어머니에 그 자식(是母是子)'다운 인의의 정을 세계에 알렸다.

이 수기의 다섯 가지 덕목은 오늘날에도 우리 경찰 공인의 훌륭한 덕목이다. 어떤 사람은 오늘날을 가치의 혼돈 시대로 보고 있다. 즉 패러다임을 잃어버린 'Paradigm Lost'의 시대라고 한다. 세상이 빨리 변하고 많은 혼돈 속에 있는 것은 사실이다. 그러나 이 수기의 다섯 덕목은 이미 우리 몸속에 항상 '깊이 스며들어 있는 정신(ingrained spirit)'임에 틀림없다. 이 덕목들은 모두 오늘날에도 국회 청문회 심사의 평가 기준이 아니던가?

그러나 선비 사대부는 자기 수양만 하면 안 된다. 반드시 남을 지도하고 이끄는 치인의 삼덕목이 있다. 이 세 가지 덕목은 수기 치인 오덕목의 후속으로 연속되는 성격을 가진다. 치인의 첫 번째 덕목은 선정이다. 사람만 수양 되면 무엇하는가? 무슨 업적이 있어야 하는 것이다. 옛날 사대부는 반드시 지방행정을 맡아서 먼저 리더십을 발휘하게 하였다. 그래서 그 지방 수령으로서의 업적이 객관적으로 중요하게 평가되었다. 그래서 지금도 각 고을에 가면 송덕비가 많은 것이다. 치인의 두 번째 덕목이 충성이다. 체제에 대한 충성은 오늘날 여러분들과 같이 강했을 것이다. 그리고 마지막 덕목으로 준법이 있다. 중앙에서 결정된 정책을 각 지방에서 충실하게 실천했는가를 보는 것이다.

그 준법을 평가하는 데는 수령칠사의 체크리스트가 전통적으로 내려오고 있다. 오늘날에도 아랫사람을 지도하고 한 지역의 치안을 전체적으로 담당하는 경찰서장이 되었을 때 이 수령칠사의 평가방법이 훌륭하게 적용될 수 있을 거라고 생각한다. 수령칠사는 다음과 같다.

1. 농상(農桑)이 성(盛)했느냐?

그 지방의 농사와 뽕나무가 무성했느냐? 오늘날에도 식량문제와 그 지방의 산업화 문제가 잘 이루어져서 국민의 의식주가 충분한가? 박덕하면 흉년이 든다.

2. 호구(戶口)가 증(增)했느냐?

그 지방의 인구가 얼마나 늘었느냐? 도시화 과정에서 고향을 떠난 사람이 얼마나 다시 돌아왔느냐? 지방 행정과 치안의 확보가 얼마나 인구를 늘렸는가?

3. 학교(學校)가 흥(興)했느냐?

그 지방의 교육을 진작시켜서 학부모의 교육열을 만족시켰는가? 그 지방학교에서는 학생들을 얼마나 좋은 대학에 진출시키고 인재를 양성했는가? 그렇게 사회 안정을 가능케 했는가?

4. 군정(軍政) 수(修)했느냐?

그 지방의 행정기관이 얼마나 질서를 잘 유지하면서 신뢰성 있는 행정을 해 왔던가? 그리고 그 지방의 각 기관장끼리 화목하게 지내며 행정을 효율성 있게 수행했는가?

5. 부역(賦役) 균(均)했느냐?

행정학적으로 통솔범위(Span of Control)가 얼마나 효율적으로 관리되었느냐? 이와 관련한 갈등은 없었느냐? 지방민을 다스리는 데 있어 공평무사하게 하여 국민의 불만은 없었느냐?

6. 사송(詞訟) 간(簡)했느냐?

문제가 생겨 관이나 법원에서 갈등이 생겼을 때 지방 행정이나 재판 그리고 경찰서에서 사심 없이 공정하면서 간단 신속하게 분쟁을 처리했느냐?

7. 교활(狡猾) 식(息)했느냐?

그 지방에 범죄가 종식되고 오히려 미풍양속이 되살아났느냐? 그리하여 그 지방에서 그 경찰서장을 존경하게 만들었느냐?

이것이 우리 민족이 전통적으로 지켜온 지도자의 평가표이다. 우선 "돈을 먹었나?" 하고 따져 드는 오늘날의 유치한 감사와는 그 평가의 질과 범위가 다르다. 이와 같이 수령칠사는 오늘날의 지방자치 시대에 현대적인 행정의 평가표로서 훌륭한 기준이 될 것이다. 경찰 행정을 맡거나 업무를 수행할 때에 꼭 마음속에 간직하면서 근무에 임해야 할 것이다.

이와 같이 수기치인 팔덕목과 수령칠사를 합한 열다섯 가지 기준을 종합하여 다각도의 관점으로 선비 한 사람의 평생의 업적을 평가하여 청백리로 녹선하는 것이다. 이는 마치 납 광산을 후손에 물려주어 오래오래 그 덕을 보게 하는 것과 마찬가지다. 오늘날 공인이라는 자들이 부정한 방법으로 한탕하여 당대발복하였으나, 그 부정의 콩고물을 먹고 교도소에 들어갔다 나왔다

하는 것은 얼마나 미련한 노릇이냐며 청백리들에게 비웃음거리가 되는 것이다.

그래서 이러한 전통 있는 덕목들은 오늘날에도 우리 국민이 공인의 경찰관을 말없이 바라보며 평가하는 엄격한 관점임을 잊어서는 안 될 것이다. 이러한 600년의 전통이 있는 형조문화에 진정으로 복귀해야 앞으로 우리 현대적 경찰의 청색 제복에 무한한 긍지와 사명감을 느낄 수가 있는 것이다. 그리하여 수치스러웠던 일제 시대 식민지 경찰의 옛 관습에서 벗어나고, 6.25 동족상잔 시대의 곤욕스러웠던 경찰 분위기에서 탈피하여 21세기 해맑은 새 세대 경찰의 위상을 펴내야 할 것이다.

선비정신의 세계적인 보편성

선비정신의 덕목은 오로지 우리들만의 특수한 덕목은 아니다. 이 덕목은 편협하고 배타적인 것이 아니라 오히려 국제적인 보편성이 있는 참다운 신사의 가치관이고 선진화된 사회의 도덕적인 규범이기도 하다. 그래서 이 덕목을 수련하고 마음속에 깊이 간직함으로써 우리 경찰도 세계적이면서도 독자적인 '선비경찰'의 양식을 창조해 낼 수가 있는 것이다.

오늘날 세계화가 진행되면서 예를 들면 로타리클럽(Rotary Club) 같은 국제 활동이 퍼져 나가고 있다. 그 조직이 추구하는 기본 가치관은 '봉사정신'이고 그 수양의 덕목은 다섯 가지,

'SMILE'로 요약된다. 이 가볍게 미소짓는 웃음의 의미 속에서는 사실 깊은 뜻이 담겨 있다.

'SMILE'의 S자는 'Sincerity(성실)'로, 선비의 근검 덕목과 같으며, M자는 'More Consideration(역지사지)'으로, 우리의 후덕의 덕목에 가깝다. 그리고 I자는 'Integrity(정직)'로, 청백해야 한다는 선비의 덕목이다. 또한 L자는 'Loyalty(충성)'로서 치인 덕목 중 하나인 충성과 같은 것이다. 그리고 마지막 E자는 'Enthusiasm(열성)'으로, 선비인 안중근 의사가 그의 뜨거운 삶으로 보여주었던 인의의 덕목과도 같다.

그러고 보면 세계 각 선진국의 신사들이 보편적인 도덕 윤리 관념으로 여기는 이 'SMILE'의 덕목은 이미 우리 전통에서 나오는 수기치인 팔덕목에 모두 포함되는 것이다. 그러고도 우리가 가치있게 지켜왔던 덕목이 세 가지나 더 많다. 따라서 여기서 우리가 주목해야 할 것은 'SMILE'의 덕목에는 포함되지 않은, 우리 고유의 덕목인 경효이다. 이것은 세계의 어느 곳에서도 찾아보기 어렵다. 우리만의 덕목으로 남아 있는 것이다.

서구에서 효는 영어로 'Filial Piety' 즉 자식으로서의 경건한 언행 또는 공손함 혹은 'duty(의무)'로 표현될 뿐이지 우리같이 아기자기한 효성은 아니다. 여기에서 우리의 독특한 '아시아적 가치(Asian Value)'가 두드러지게 나타나는 것이다. 우리나라 새마을운동의 핵심적인 원동력은 바로 그 집을 일으켜서 부모에 효도하고 조국의 발전을 축원하는 데서 찾아볼 수가 있다.

그래서 1995년 스위스은행연합 UBS(Union Bank of Switzerland) 조사부에서도 "한국은 21세기에 세계에서 가장 국가경쟁력이 강한 나라가 될 것"이라고 선언했던 것이다. 그들은 그 이유로 첫째로 교육열이 높고, 둘째로 가족제도가 강하고, 셋째로 업적주의가 강해서 새마을운동에 성공했고, 넷째로 신바람이 나면 걷잡을 수 없는 발전을 하는 민족이라고 하면서 이 네 가지를 모두 갖춘 나라는 한국밖엔 없다고 하였다.

이것이 바로 우리의 아시아적 가치이다. 그래서 이러한 가치관이 발휘되면 한국의 21세기를 낙관할 수가 있다는 것이다. 그렇기 때문에 우리 전통에서 우러나오는 선비정신을 발휘할 때 비로소 그것은 세계적인 덕목과 연결된다는 보편성을 가지게 되는 것이다. 따라서 우리의 고유한 가치관의 부활을 통해 경제 위기를 극복하는 민족적인 저력을 갖추어야 할 것이다. 이러한 긍지를 되살리고, 의식을 개혁시키는 것도 지금 경찰 간부의 중요한 역할이 될 것이다.

경찰의 뿌리와 날개를 달자

첫째로 우리는 탈냉전 시대에 살고 있다. 앞으로는 우리의 문화와 전통의 시대를 창조해야 한다. 이제는 우리 모두가 이념적 갈등에서 벗어나서 우리 민족의 뿌리 깊은 생활양식과 가치관 속에서 보람을 찾고 자아실현을 해야 할 때가 온 것이다.

이런 시대를 맞아 경찰은 어떤 태도와 자세를 가져야 하는가? 이럴 때일수록 경찰은 전통적인 가치관을 확립하고 민본주의를 신봉했던 바로 그 선비정신으로 국민을 보살피고 이끌고 나가야 한다. 그 선비정신의 덕목과 소프트웨어를 되살려서 더욱 신뢰받는 '선비경찰'이 되어야 하겠다.

　두 번째로 우리는 탈근대화 시대에 살고 있다. 이제는 경찰이 더 이상 건국 초기의 제도적 집단 가운데 하나로서의 경찰이 아니다. 우리 국민은 선진국 대열에 설 것을 꿈꾸었던 후기 근대화(Post-Modernism)의 시민들이 되었다. 그래서 "내 돈 가지고 내가 마음대로 태국에 가서 곰 발바닥을 핥고 온들 어떠랴?" 하며 해외 여기저기를 휩쓸고 다녔다. 그런데 그러고 돌아와 보니 우리는 이미 세계에 '추잡스러운 한국인(Ugly Korean)'이 되었다. 이제 우리는 이러한 인상에서 벗어날 때이다. 과연 이 이미지를 탈피하기 위해서 우리는 어떤 노력을 할 수 있는가? 우리 국민 전체가 선비정신을 새롭게 주장할 때가 온 것이다.

　일본도 한때 전 세계로부터 '이코노믹애니멀(Economic Animal)' 즉 '경제 동물'이라는 악명을 받은 적이 있었다. 그러나 요사이는 일본의 발전이야말로 그들의 '무사정신' 즉 사무라이의 정신으로 이룩했다고 주장한다. 과연 G7 선진국이 돈이 많다는 이유만으로 선진국이 된 것인가? 아니다. 그렇다면 왜 사우디 아라비아가 그 사이에 들어가지 못했겠는가?

　돈보다는 적어도 세계문화 조류에 무엇인가를 공헌한 국가가 선진국이 된 것이다. 영국은 신사도로써 세계적인 의원내각제도를 만들어 내놓았으며, 독일은 융커(Junker) 정신으로 과학과 철학 그리고 경제를 강화하였다. 프랑스는 물론이고 미국도 프런티어 정신(Frontier Spirit)으로 세계의 자유와 번영에 이바지하였다.

그렇기 때문에 21세기에 우리는 우리만의 선비정신으로 세계 문화의 발전에 이바지하여야 할 것이다. 그때 우리 경찰의 위상이 중요한 것이다. 국가 발전도 너무 돈만 쫓아서는 안 된다. 국민 한 사람 한 사람이 문화를 사랑하고 공공의 질서를 예와 도로써 유지할 수 있는 선비시민이 되어야 한다. 그렇게 될 수 있도록 우리 경찰이 선도해야 하기 때문이다. 그래야 선진국의 반열에 올라 시민 국가로서 존경을 받게 될 것이며 '어글리코리안'에서 벗어나 '동방예의지국'의 선비시민이라는 명예로운 이름을 되찾을 수 있을 것이다.

셋째로 우리 경찰은 일제 식민지 사고에서 탈출해야 한다. 그리하여 우리의 독자적인 선비정신과 제도를 일깨워 후진들에게 자나 깨나 교육하여 전수해야 한다. 아직도 우리는 일본 식민지 사관에서 벗어나지 못하고 있다. 그들은 1913년 우리의 자랑스러운 조선왕조실록을 일본에 가져가 40년을 앞서서 우리나라의 그 어떤 역사학자보다 먼저 연구하였다. 그렇게 연구하고 보니 조선조 519년은 선비정신의 생명력으로 이어졌다는 결론을 내리고 그들의 제국주의 야욕과 식민 침탈을 정당화하기 위해 식민지 교과서에 "사색당쟁만을 일삼은 선비 때문에 조선이 망했다"라고 하여 철저하게 교육해 왔다. 이제는 이러했던 식민지 교육의 선입관에서 우리 경찰이 먼저 과감하게 벗어나야 한다.

한때 미국에서는 한국의 어머니와 유대인의 어머니가 자기 자식을 하버드대학에 보내기 위한 치열한 입학 경쟁을 했다. 물론 우리는 족집게 과외 등 열심의 노력으로 유대인 학생을 물리치고 입학 경쟁에서 승리하였다. 그랬더니 유대인 어머니가 한국의 교육에는 뿌리(Root)와 날개(Wing)가 없다고 비난했다고 한다. 유대인은 우리와 역사가 비슷하다. 그들도 독립을 했고 전쟁도 우리만큼 치렀다.

그런데 그들은 어린애가 어머니 무릎에서 응얼응얼거릴 때 아이의 귓속에 그들의 역사인 구약성서의 이야기를 불어 넣어 주었다고 한다. 그리고 그 아이들이 커 가면서 탈무드를 익히고 그렇게 대학을 졸업해 사회인이 된다. 그렇게 성장한 유대인 중에서는 변호사가 특히 많이 나와서, 오늘날 IMF를 주도하는 세계적인 6인방에서 1명을 제외하고는 모두 유대인이라고 한다. 그래서 우리도 열심히 자나 깨나 우리의 선비정신을 국가관으로 연결시키고 우리 역사에 나오는 홍익인간 정신이나 민본주의 전통을 되찾고 문화의 창달을 이룩하여 오랜 전통을 이어받은 주체성 있는 대한민국 '선비경찰'을 재창조하여야 하겠다.

선비가 칼을 들 때

진보적 정치 개혁은 검찰의 독립성에서부터 움트기 시작하고 있다. 이것은 우리 조상의 찬란했던 선비정신의 부활에서 나와야 한다. 자고로 "백성이 가장 중하고(民爲重), 사직과 정권은 그다음이고(社稷次之), 군왕이 가장 가볍다(君爲輕)"고 하였다. 국왕도 잘못하면 먼지보다도 가볍게 날릴 수 있다는 민본주의 이념에 선비들은 철저하였다. 그래서 폭군정벌론은 정당하게 여겨졌고 집권자인 국왕도 도덕과 윤리 그리고 예에 어긋나면 끌어내릴 수 있었다. 실제로 조선조에서는 두 번의 반정이 성공하였다.

백성이 있어야 국왕도 있고 정치도 있는 것이다. 정치꾼만을 위한 정치는 이제 용서받지 못할 것이다. 조선조에는 소수에 의한 권력의 남용을 막는 역할을 언관(言官)들이 했다. 과연 우리 검사들이 오늘날 대통령에게 직간(直諫)하여 잘못을 견제하는 기개가 있는가?

그들은 홍문관의 사대부로서 국왕 앞에 당당히 앉아서 고개를 들고 눈높이를 맞추면서 국왕에게 소리 높여 직언을 했다. 조선 전기의 문인 서거정(徐居正)은 그러한 언관의 태도를 보고는 마치 "벼락이 떨어져도(抗雷霆), 도끼로 목을 쳐도(蹈斧鉞), 그래도 서슴치 않는다(而不辭)"고 하였다. 그와 같은 옛 선비들의 정기와 원기가 오늘날에도 우리 검사들에게서 터져 나와야 한다. 그것이 우리 선비정신의 부활이다. 그 선비정신으로 오늘날의 어두운 밀실 정치를 뚜렷하고 밝고 바르게(明政)하는 새로운 계기가 되어야 한다.

그 비선비적인 정치인들은 이미 우리 국민들이 더 잘 알고 있다. 기름기가 번지르르하고, 뻔뻔하고, 염치없고. 턱수염이나 기르는 무책임한 정치꾼들, 그들을 사정없이 영원히 정계에서 퇴출시키는 결단을 내려야 한다. 그것이 바로 오늘날 온 국민의 요청이다. 그런데 돈 받아 쓴 악룡(惡龍)들은 아직 건드리지도 못하고, 협박에 못 이겨, 또는 더 큰 이권을 위하여 할 수 없이 돈 갖다 바친 기업인들만 지렁이 같이 짓밟고 있는 것이 오늘날의 검사인가? 문제의 핵심을 검사는 호되게 파헤쳐 놓고 봐야 한다.

원래 이런 큰일은 주저 없이 하루아침에 이루어졌다. 영국의 그 유명했던 부패선거구(Rotten Borough) 제도의 폐지도 1881년 헨리 제임스 법무부장관의 부정선거를 개탄하는 의회연설로부터 가능하게 된 것이다. 그 내용은 첫째로 부패행위를 저지른 후보는 영원히 정계에서 추방하고 둘째로 법정비용을 초과한 당선자는 당장에 당선무효를 단행한다는 것이다.

그리하여 바로 그다음 선거부터는 선거판의 직업적인 '표 수집업자'와 그 지방의 고질적인 '선거 기생충'들이 완전히 소탕되었다. 그뿐만 아니라 부당한 방법으로 당선된 자는 그 누구를 막론하더라도, 그 수가 몇 명이 되어도 사정없이 정계에서 영원히 추방됐다. 그런 혁명적인 계기로 영국이 역시 오늘날에도 의회민주정치의 종주국으로 추앙받고 있다.

1992년 이탈리아의 '깨끗한 손(mani pulite)'의 사정혁명(司正革命)도 안토니오 디 피에트로(Antonio Di Pietro) 등 몇 명의 검사들이 선비 같은 기질을 발휘하여 단행하였다. 그들에 의해 2년 동안 전체 상·하원 국회의원 945명 중 619명에 대해 면책특권 정지 요청서가 발부되었고, 321명이 검찰에 불려가서 조사를 받았다고 한다. 그 검사들은 조국을 위한 '정치부패와의 전쟁'에서 대중의 존경과 박수를 받았다. 그러나 이탈리아에서는 부정부패의 정치인을 영원히 추방해야 한다는 입법에는 끝내 실패하였다고 한다. 때를 놓친 것이다.

한국 민주주의 역사에서 가장 선비다워야 하는 직업이 바로 검사일 것이다. 15세기 세종조의 황희 정승도 개국 사반세기 만에 청백리의 민본정치를 완성했다. 그 선비정치의 개혁과 기반으로 조선조가 27대를 이어 519년이라는 긴긴 시간 동안 체제를 유지했다. 조선은 총칼과 부정과 돈으로 유지되지 않았다. 정치의 윤리와 도덕이 있었다. 그것이 선비정신의 전통이요, 백성을 두려워했던 민본주의의 위력이다.

영국 정치 무대의 신사는 떼돈을 벌려고 정치를 하지 않는다. 미국의 국가관을 관통하는 프런티어 정신은 국민 위에 군림하는 것이 아니다. 일본의 경제단체연합회 경단련(經團連)의 회장인 기업가 도코 도시오(土光敏夫)는 "대낮의 강도 같은 정치인"이라고 공언하여 일본 정경유착의 고리를 끊어내었다. 일본 기업인의 원점에는 '사무라이 정신'이 있었기 때문이다. 우리도 우리의 근본인 선비정신을 발휘할 때가 왔다. 이 점을 검사들은 명심해야 한다.

영원한 선비의 나라

사람 선발에 있어 우리 민족의 기준은 뚜렷하다. '수신제가치
국평천하(修身齊家治國平天下)'는 옛말이 아니었다. 이것은 흔히
유교의 원리이지만 21세기 세계화의 시대에도 우리 민족에게는
뿌리 깊은 선비의 지도자상이 되고 있다. 그 전통 속에서 공직자
로 입후보하는 자들은 얼마나 자기반성을 했을까? 앞으로도 더
욱 '수기 오덕목'을 스스로 닦아야 하고, '치인 삼덕목'의 기준
을 지키며 공직을 수행하기로 굳게 맹세하였을 것이다.

우리 선조들의 리더십은 이러한 수기치인(修己治人) 팔덕목
(八德目)에서 나왔고, 목민(牧民)의 지도자는 지방정치의 평가
기준인 수령칠사(守令七事)에서 나왔다. 또한 이것의 정수로서
드디어 청백리가 되었다. 이러한 사대부의 매니페스토(Manifest)
실천으로 같은 유교권 내에서도 519년 27대를 이어온 최장의
동방예의지국을 자랑했다.

그러나 우리는 아직도 청백리 전성 시대에는 미흡하다. 15세

기 세종이 즉위할 때가 바로 고려의 불교 귀족국가에서 유교적 대동사회를 창건한 지 불과 25년째 되던 해이다. 그때 지도자들은 마치 청백리를 경쟁하듯 치열하게 선비의 길을 걸었다. 황희(黃喜), 맹사성(孟思誠) 등은 지도자로서의 강력한 힘과 능력을 발휘했으나 사생활에서는 너무나 청백하여 하늘에 한 점 부끄러움이 없었다. 그래서 강했다.

세종은 청백리로 녹선된 신하들보다 더욱 어짐을 이루어 성인(成仁)하셨고, 언제나 의로움을 취하는 취의(取義)의 정치를 하셨다. 특히 세공(歲貢)을 책정하기 위해 세 번이나 국민 여론조사를 실시하여 찬성하는 곳에서부터 세금을 거두었다. 그는 국민이 싫어하는 정치는 하지 않았다. 그것이 바로 인본정치였다.

율곡은 아홉 번 장원급제한 이 나라의 경세가(輕世家)였다. 여러 반대에도 불구하고 부국강병을 이루고자 10만 대군의 양성을 주장했다. 그는 사사로이 부를 쌓지 않았고 병조판서의 자리에서 현역으로 순직하였을 때 장례를 치를 정도의 쌀조차 없어 동네에서 장사를 치렀다.

퇴계는 열한 번을 낙향하여 도산서원에서 후진 양성과 인재교육에 임했다. 그의 제자가 서애 류성룡이다. 서애는 7년 동안 전쟁지도자로 있으면서 퇴직하자 곧장 하회마을로 낙향하여 『징비록』을 썼다. 오늘날 우리의 지도자들은 이런 낙향의 멋이 없다. 이것이 지방을 자랑스럽게 하는 전통이다. 선조가 서애의 어려운 생계를 우려하여 식량을 보냈는데 류성룡은 그를 가로

막고서 "나는 사사로운 『징비록』을 쓰고 있으니 국가에 대해서 일한 것이 없다"라고 말하며 거절하였다. 이것이 이 나라 '무노동 무임금'의 시작이 아니던가?

오늘날에도 우리의 가슴엔 선비 네 분을 모시고 다닌다. 만 원에 세종대왕, 5천 원에 율곡, 천 원에 퇴계 그리고 백 원 동전에 문무겸전의 충무공이 계시다. 오늘날 돈이면 환장하는 우리 사회에 이렇게 위대한 선비를 모시고 다니는 마음씨가 그래도 우리들을 영원한 선비의 나라로 이끌고 있다.

이처럼 우리의 역사 깊은 선비정신은 현대 한국인에게 정체성 있는 비전과 용기, 리더십을 제공해 주고 있다. 그뿐만 아니라 선비정신은 한국에만 머무르지 않고 21세기 세계화 시대에서 인류문화 발전에 공헌할 수 있는 겸허한 문화 정신이 될 것이다. 4300여 년 전 한국의 조상 단군이 선포한 홍익인간(弘益人間)의 이념과, 600년을 내려온 우리의 인본주의 정신이 세계 속에서 인정받아야 할 때가 왔다. 한국의 문화를 진정으로 이해하기 위한 핵심에 선비정신이 자리 잡고 있다.

지은이 이동희

1932년 서울 출생.
육군사관학교 졸업 및 임관(11기)(이학사).
서울대학교 대학원 정치학 박사.
미국 East-West Center (Univ. of Hawaii) 수료.
미국 Princeton Univ. Fulbright Senior 교환교수.
육군사관학교 교수부 사회과학 처장.
육군사관학교 행정연수원장.
육군사관학교 교수부장(육군 준장).
청주사범대학(현 서원대학교) 총장.
국립 서울산업대학(현 서울과학기술대학교) 총장.
민주평화통일자문위원.
국궁 1번지 〈황학정〉 사두.
五成연구소 이사장.

저서 :
『民主主義와 國民倫理』, 『政治學 原論』, 『國民倫理』, 『現代軍事制度論』,
『한민족공동체론』, 『民軍關係論』, 『오! 화랑대』, 『淸師淸士의 편지』.

엮은이 이재령

1962년 서울 출생.
경복고등학교 졸업.
고려대학교 중어중문학과 졸업.
육군사관학교 교수부 교관(육군 중위).
㈜대우 무역 근무.
코트라 중국 항저우 무역관 관장.
중국경제망 한국법인 대표.
五成연구소 대표.

모던 선비

2024년 2월 22일 초판 1쇄 펴냄

지은이 이동희
엮은이 이재령
펴낸이 김흥국
펴낸곳 보고사

책임편집 이경민
표지디자인 이지호

등록 1990년 12월 13일 제6-0429호
주소 경기도 파주시 회동길 337-15 보고사
전화 031-955-9797
팩스 02-922-6990
메일 bogosabooks@naver.com
http://www.bogosabooks.co.kr

ISBN 979-11-6587-675-3   03040
ⓒ 이재령, 2024

정가 16,000원